Fachgespräche

kaufmännische Berufe

Büro und Industriekaufmann

von

BOL Vroni Hollmann
Mag. Theodor Siegl
Mag. Ingrid Süppel
Mag. Franz Süppel

Mit Bescheid des Bundesministeriums für Bildung, Wissenschaft und Kultur,
Zl. 47.150/3-III/D/13/98 vom 25. Juni 1998 als für den Unterrichtsgebrauch an
Berufsschulen für die Lehrberufe Bürokaufmann bzw. Industriekaufmann
in den Unterrichtsgegenständen Rechnungswesen sowie Wirtschaftskunde mit
Schriftverkehr geeignet erklärt.

BOHMANN FACHBUCH –
Das Berufsbildungs-Programm im Verlag Jugend & Volk

Schulbuch-Nr. 8213
Hollmann • Siegl • Süppel I. • Süppel F. **Fachgespräche kaufmännische Berufe Büro- und Industriekaufmann**
© 2004 by Verlag Jugend & Volk Ges.m.b.H., Wien Alle Rechte vorbehalten! Jede Art der Vervielfältigung – auch auszugsweise – gesetzlich verboten. [2004 – 6.00]
ISBN 3-7002-1431-6

Umschlag: Harald Weinberger
Gesamtherstellung:
Druckerei Theiss GmbH,
A-9431 St. Stefan

Inhaltsübersicht

Was versteht man unter „Wirtschaft"?

Wirtschaft ist die planmäßige Tätigkeit der Menschen zur Befriedigung von Bedürfnissen.

Erklären Sie das wirtschaftliche (ökonomische) Prinzip!

• Mit gegebenen Mitteln einen möglichst großen Erfolg erzielen (= *Maximalprinzip*) oder
• einen bestimmten Erfolg mit möglichst geringen Mitteln erreichen (= *Minimalprinzip*).

Nennen Sie das Ziel der wirtschaftlichen Tätigkeit!

Ziel der wirtschaftlichen Tätigkeit ist die Bereitstellung von Gütern, die der Bedürfnisbefriedigung dienen.

Was versteht man unter „Bedürfnis"?

Ein Bedürfnis ist das Empfinden eines Mangels.

Welche Bedürfnisse kann man nach der Dringlichkeit unterscheiden?

• *Lebens- und Existenzbedürfnisse* (z. B. Bedürfnis nach Nahrung, Kleidung)
• *Kulturbedürfnisse* (z. B. Bedürfnis nach Bildung)
• *Luxusbedürfnisse* (z. B. Bedürfnis nach Schmuck, eigenem Schwimmbad)

Welche Bedürfnisse kann man nach der Zahl der Bedürfnisträger unterscheiden?

• *Individuelle Bedürfnisse* (Bedürfnis des Einzelnen nach Kleidung, Nahrung usw.)
• *Kollektive Bedürfnisse* (Gemeinschaftsbedürfnisse nach Straßen, Schulen, Krankenhäusern usw.)

Was versteht man unter „Bedarf"?

Bedarf ist jener Teil der Bedürfnisse, der sich als Nachfrage äußert. Er wird durch die Kaufkraft begrenzt.

Was sind „Güter"?

Güter sind Mittel zur Bedürfnisbefriedigung.

Welche Güter unterscheidet man nach dem Verwendungszweck?

- *Investitions- oder Produktionsgüter* (dienen zur Herstellung anderer Güter): z. B. Drehbank, Kran ...
- *Konsumgüter* (dienen unmittelbar der Bedürfnisbefriedigung):
  - Verbrauchsgüter: z. B. Nahrung
  - Gebrauchsgüter: z. B. Möbel

Welche Güter unterscheidet man nach der stofflichen Eigenart?

- *Sachgüter* (materielle Güter): Gegenständliche Güter, wie Kleidung, Wohnung, Auto usw.
- *Immaterielle Güter:* Nicht gegenständliche Güter, wie Dienstleistungen der Ärzte, Post, Versicherungen usw.

Zählen Sie die Gliederungsstufen der Wirtschaft auf!

- *Gütergewinnung* (Urerzeugung, Urproduktion der Rohstoffe)
- *Gütererzeugung* (Produktion von Halb- und Fertigerzeugnissen)
- *Güterverteilung* (Weitergabe der Güter durch Großhändler an Einzelhändler und durch Einzelhändler an Verbraucher)
- *Güterverbrauch* (Verwendung der Güter durch die Verbraucher)

Was versteht man unter „primärem Sektor der Wirtschaft"?

Unter primärem Sektor versteht man die Urproduktion (Gewinnung von Nahrungsmitteln und Rohstoffen).

Was versteht man unter „sekundärem Sektor der Wirtschaft"?

Als sekundären Sektor bezeichnet man die Produktion (Erzeugung von Konsum- und Produktionsgütern).

Was versteht man unter „tertiärem Sektor der Wirtschaft"?

Der tertiäre Sektor umfasst alle Dienstleistungen einschließlich der Güterverteilung durch den Handel.

Arbeitsteilung

Erklären Sie den Begriff „Arbeitsteilung"!
Der Mensch produziert Güter oder leistet Dienste für andere und konsumiert Güter oder beansprucht Dienste von anderen.

Was versteht man unter innerbetrieblicher Arbeitsteilung?
Innerhalb des Betriebes werden die verschiedenen Aufgaben (Einkauf, Erzeugung, Lagerung, Verkauf usw.) auf die einzelnen Beschäftigten verteilt.

Was versteht man unter zwischenbetrieblicher Arbeitsteilung?
Unter zwischenbetrieblicher Arbeitsteilung versteht man die Spezialisierung der Betriebe auf bestimmte Produkte oder Dienstleistungen.

Welche Arten der zwischenbetrieblichen Arbeitsteilung kennen Sie?
- *Vertikale Arbeitsteilung:* Urproduktion – Produktion – Dienstleistung – Konsumation
- *Horizontale Arbeitsteilung:* Die spezialisierten Betriebe erbringen Leistungen auf gleicher Wirtschaftsstufe, Erzeugung von LKWs, PKWs usw.

Was versteht man unter internationaler Arbeitsteilung?
Jede Nation produziert jene Güter, für die es die günstigsten Voraussetzungen (Rohstoffe, Know-how usw.) aufweist.

Volkswirtschaftliche Grundbegriffe

Erklären Sie den Begriff „Bruttoinlandsprodukt (BIP)"!
Das Bruttoinlandsprodukt (zu Marktpreisen) ist der in Geld ausgedrückte Wert aller Güter und Dienstleistungen, die in einem Jahr in einer Volkswirtschaft hergestellt wurden.

Was versteht man unter „Außenhandel"?
Unter Außenhandel versteht man den Warenaustausch zwischen verschiedenen Staaten.

Erklären Sie den Unterschied zwischen Handelsbilanz und Zahlungsbilanz!

Handelsbilanz = Gegenüberstellung der Werte von Importen und Exporten eines Landes.

Zahlungsbilanz = Gegenüberstellung der gesamten Einnahmen und Ausgaben eines Landes aus dem Verkehr mit dem Ausland.

Erklären Sie den Begriff „Markt"!

Der Markt ist jener Ort, an dem sich Angebot und Nachfrage treffen; durch Angebot und Nachfrage bilden sich auf dem Markt die Preise.

Welche ideellen Wirtschaftsordnungen kennen Sie?

- *Freie Marktwirtschaft*
- *Zentralverwaltungswirtschaft*

Welche realen Wirtschaftsordnungen kennen Sie?

- *Soziale Marktwirtschaft*
- *Planwirtschaft* u. a. m.

Erklären Sie den Unterschied zwischen freier und sozialer Marktwirtschaft!

Bei der freien Marktwirtschaft bleibt der Ablauf der Wirtschaft von staatlichen Eingriffen frei.

Bei der sozialen Marktwirtschaft greift der Staat lenkend in den Wirtschaftsablauf ein.

Nennen Sie das Merkmal der Planwirtschaft!

Der komplette Wirtschaftsprozess wird von einer staatlichen Zentralstelle geplant und gelenkt.

Welche Wirtschaftsordnung gibt es in Österreich?

Soziale Marktwirtschaft

Nennen Sie Ziele der staatlichen Wirtschaftspolitik!

Ziele der staatlichen Wirtschaftspolitik sind: Preisstabilität, Wirtschaftswachstum, Vollbeschäftigung, außenwirtschaftliches Gleichgewicht, gesunde Umwelt (Lebensqualität) und gerechte Einkommensverteilung.

Wann spricht man von Preisstabilität?
Preisstabilität ist gegeben, wenn die Kaufkraft konstant bleibt.

Wie wird die Kaufkraftsänderung gemessen?
Der Verbraucherpreisindex gibt Auskunft über Kaufkraftsänderungen. Ausgangspunkt ist der repräsentative Warenkorb mit Waren, die der Durchschnittsmensch pro Jahr benötigt.
Berechnung:

$$\frac{\text{Wert des Warenkorbes im Vergleichsjahr} \times 100}{\text{Wert des Warenkorbes im Basisjahr}}$$

Wie werden Änderungen der Kaufkraft bezeichnet?
• *Deflation:* die Kaufkraft steigt.
• *Inflation:* die Kaufkraft sinkt.

Nennen Sie Ursachen und Wirkungen der Deflation!
• *Deflationsursachen* sind u. a. Verringerung der Geldmenge bzw. deren Umlaufgeschwindigkeit, Unabsetzbarkeit der Waren.
• *Folgen der Deflation* sind u. a. Sinken der Preise, Nachfragerückgang, Arbeitslosigkeit.

Nennen Sie Ursachen und Wirkungen der Inflation!
• *Inflationsursachen* sind u. a. Steigerung der Geldmenge bzw. deren Umlaufgeschwindigkeit, Übernachfrage, Steigerung der Produktionskosten.
• *Folgen der Inflation* sind u. a. Steigen der Preise, Wertverlust bei Sparbüchern, Flucht in Sachwerte.

Beschreiben Sie den Begriff „Wirtschaftswachstum"!
Die Erhöhung (Verringerung) des Bruttoinlandsproduktes (BIP) im Zeitablauf bezeichnet man als Wirtschaftswachstum.

Definieren Sie den Begriff „Konjunktur"!
Das Auf und Ab von volkswirtschaftlichen Daten, z. B. Bruttoinlandsprodukt, Beschäftigung, Lohn- und Preisentwicklung bezeichnet man als Konjunktur. Regelmäßige Änderungen im Zeitablauf bezeichnet man als Konjunkturzyklus.

Beschreiben Sie den Konjukturverlauf!

Der Konjunkturverlauf hat folgende Phasen:
Aufschwung (Expansion), Hochkonjunktur (Boom), Abschwung (Rezession), Tiefstand (Depression).

Beschreiben Sie die Preisbildung am Markt!

Die Preisbildung am Markt folgt dem Gesetz von Angebot und Nachfrage.
Sind Angebot und Nachfrage gleich groß, so ergibt sich der Gleichgewichtspreis.
Steigt das Angebot, sinkt der Preis. Steigt die Nachfrage, steigt der Preis.

Nennen Sie die Mitgliedsstaaten der EU!

Belgien, Deutschland, Dänemark, Estland, Finnland, Frankreich, Griechenland, Großbritannien, Irland, Italien, Lettland, Litauen, Luxemburg, Malta, Niederlande, Österreich, Polen, Portugal, Schweden, Slowakische Republik, Slowenien, Spanien, Tschechische Republik, Ungarn, Zypern.

Wie ist die EU entstanden?

Europäische Gemeinschaft für Kohle und Stahl (1953)
Europäische Wirtschaftsgemeinschaft EWG (1958)
Europäische Atomgemeinschaft (1958)
Europäische Gemeinschaften EG (1967)
Europäische Union EU (1991 Vertrag von Maastricht)

Nennen Sie die vier Hauptorgane der EU!

Europäische Kommission, Ministerrat, das Europäische Parlament, der Europäische Gerichtshof.

Betrieb – Unternehmung

Beschreiben Sie die Aufgaben der Betriebe!

Betriebe sind Wirtschaftseinheiten mit den Aufgaben, Rohstoffe zu gewinnen, Güter zu erzeugen und zu verteilen sowie Dienstleistungen zu erbringen.

Welche Betriebsarten unterscheidet man nach dem Betriebszweck?
- *Gütergewinnungsbetriebe*
- *Gütererzeugungsbetriebe*
- *Güterverteilungsbetriebe*
- *Dienstleistungsbetriebe*

Welche Betriebsarten unterscheidet man nach der Größe?
- *Großbetriebe*
- *Mittelbetriebe*
- *Kleinbetriebe*

Was versteht man unter dem Standort eines Betriebes?
Unter dem Standort versteht man den Ort der Niederlassung eines Betriebes.

Erklären Sie, was unter „freiem" und „gebundenem" Standort zu verstehen ist!
- *Freier Standort:* Die Wahl des Standortes liegt im Ermessen des Betriebes.
- *Gebundener Standort:* Der Standort ist durch die Natur vorgegeben (z. B. bei Bergbau, Landwirtschaft).

Wonach können sich Betriebe bei der Standortwahl orientieren? Nennen Sie Beispiele dazu!
a) Nach dem Rohstoff (*rohstofforientiert*):
   Produktionsbetriebe wie Zementfabrik, Zuckerfabrik usw.
b) Nach den Arbeitskräften (*arbeitsorientiert*):
   Produktionsbetriebe wie Textilfabrik, Uhrenfabrik usw.
c) Nach dem Absatz (*absatzorientiert*):
   Einzelhandelsbetriebe wie Papiergeschäft, Lebensmittelgeschäft usw.
d) Nach der Verkehrslage (*verkehrsorientiert*):
   Großhandelsbetriebe, Schifffahrtsgesellschaften usw.

Welche betrieblichen Produktionsfaktoren kennen Sie?
Menschliche Arbeitsleistung, Grund und Boden, Kapital (Betriebsmittel) und die Betriebsführung.

Erklären Sie den Begriff „Unternehmer"!

Der Unternehmer ist der Inhaber eines Betriebes. Er leitet den Betrieb, stellt das Kapital zur Verfügung und trägt das Unternehmerrisiko.

Beschreiben Sie den Unterschied zwischen Betrieb – Unternehmung – Firma!

Betrieb = Ort der Leistungserstellung (Ort, an dem produziert wird)
Unternehmung = rechtlicher Rahmen des Betriebes
Firma = Name der Unternehmung

Einteilung und Arten von Waren

Welche Arten von Waren kennen Sie?

- *Eigentliche Waren* (Sachgüter): haben einen Gebrauchs- oder Verbrauchswert.
- *Uneigentliche Waren*: haben keinen Stoffwert, z. B. Wertpapiere, Patente.

Welche Eigenschaften müssen Waren für den Handelsverkehr aufweisen?

Waren müssen Eigenschaften aufweisen wie z. B.: Transportfähigkeit, Lagerfähigkeit, Teilbarkeit, Vertretbarkeit (Fungibilität).

Nach welchen Kriterien können eigentliche Waren eingeteilt werden?

- Nach dem *Grad der Bearbeitung* in
  - Rohprodukte,
  - Halberzeugnisse,
  - Fertigerzeugnisse.
- Nach dem *zeitlichen Bedarf* in
  - Waren mit ständigem Bedarf,
  - Waren mit fallweisem Bedarf.
- Nach dem *Umfang des Bedarfes* in
  - Massenartikel,
  - Spezialartikel.
- Nach dem *Verwendungszweck* in
  - Produktionsgüter,
  - Konsumgüter.

Der Kaufvertrag

Abschluss des Kaufvertrages

Was ist ein Kaufvertrag und wie kommt er zu Stande?
Der Kaufvertrag ist ein zweiseitiges Rechtsgeschäft, d. h. eine überein-
stimmende Willenserklärung, nach der das Eigentum an einer Sache gegen Entgelt auf den Erwerber übergeht.

Zu Stande kommt der Kaufvertrag z. B. durch
- ein bindendes Angebot und eine darauf folgende Bestellung;
- eine Bestellung und eine darauf folgende Auftragsbestätigung bzw.
  Lieferung;
- eine Lieferung und eine Annahme der Lieferung bzw. eine Zahlung.

Auf welche Arten kann ein Kaufvertrag abgeschlossen werden?
- *schriftlich*
- *mündlich*
- *durch schlüssige Handlung*
- *durch Stillschweigen* (nur unter Kaufleuten, die in ständiger Geschäfts-
  verbindung stehen).

Nennen und beurteilen Sie die Bestandteile des Kaufvertrages!
Die Bestandteile des Kaufvertrages können eingeteilt werden in:
- *Gesetzliche Bestandteile:*
  Warenart, Menge, Preis.
  Fehlt ein gesetzlicher Bestandteil, so kommt kein Kaufvertrag zu
  Stande.
- *Kaufmännische Bestandteile:*
  Lieferbedingungen, Zahlungsbedingungen, Verpackung usw.
  Fehlen kaufmännische Bestandteile, so tritt die handelsübliche Vor-
  gangsweise in Kraft.

In welcher Form kann die Qualität in Kaufverträgen festgelegt werden? Nennen Sie Beispiele!

Die Qualität kann im Kaufvertrag festgelegt werden durch:

- *Besichtigung*, z. B. bei Versteigerungen, Kauf in Bausch und Bogen
- *Beschreibung* (Abbildung), z. B. durch chemische Analysen (bei Konserven, Medikamenten), Prospekte.
- *Qualitätsklassen*, z. B. bei Obst, Eiern.
- *Muster und Proben*, z. B. bei Kostproben, Stoffmustern, Tapetenmustern.
- *Marken*, z. B. bei Zigaretten.
- *Typen*, z. B. bei Kraftfahrzeugen, Fernsehgeräten.
- *Normen*, z. B. bei Schrauben, Blechen usw. nach ÖNORM, DIN, ISO.
- *Sonderregelungen*, z. B. Kauf auf Probe, Kauf zur Probe, Kauf in Bausch und Bogen.

Welche besonderen Formen des Kaufvertrages kennen Sie?

- *Kauf nach Probe:* Bestellung erfolgt aufgrund einer Warenprobe oder eines Musters.
- *Kauf auf Probe:* Der Verkäufer überlässt dem Käufer die Ware für eine bestimmte Zeit. Innerhalb dieser Zeit kann der Käufer die Ware ohne Angabe von Gründen zurückgeben.
- *Kauf zur Probe:* Eine kleine Menge einer Ware wird gekauft. Aufgrund dieser „Probe" erfolgt die Bestellung.
- *Spezifikationskauf:* Im Kaufvertrag wird nur die Gattung der zu liefernden Waren festgelegt.
- *Kauf in Bausch und Bogen* (Tel-quel-Kauf): Der Käufer übernimmt die Ware ohne Rücksicht auf etwaige Fehler.

Wie erfolgt die Mengenangabe im Kaufvertrag?

Entsprechend der Mengenangabe im Kaufvertrag unterscheidet man:

- Verträge mit *genauer Mengenangabe*;
- Verträge mit *ungefährer Mengenangabe* („Zirka-Verträge");
- Verträge *ohne Mengenangabe* (z. B. bei Kauf in Bausch und Bogen).

Unterscheiden Sie zwischen Bruttogewicht, Nettogewicht und Tara!

Bruttogewicht = Gewicht von Ware und Verpackung.

Nettogewicht = Gewicht der Ware.

Tara = Gewicht der Verpackung.

Erklären Sie die Begriffe Drauf- und Dreingabe!

- *Draufgabe:* z. B. 100 Stück werden bestellt und bezahlt, 110 Stück aber geliefert.
- *Dreingabe:* z. B. 100 Stück werden bestellt und geliefert, bezahlt werden aber nur 90 Stück.

Erklären Sie die Zusätze a) „einschließlich Verpackung"; b) „ausschließlich Verpackung" und c) „Brutto für Netto" im Kaufvertrag!

a) Der Angebotspreis gilt für das Nettogewicht, die Verpackungskosten sind im Angebotspreis enthalten.

b) Der Angebotspreis gilt für das Nettogewicht, die Verpackungskosten werden zusätzlich berechnet.

c) Der Angebotspreis gilt für das Bruttogewicht.

Definieren Sie den Begriff „Preis"!

Als Preis wird der in Geld ausgedrückte Tauschwert eines Gutes bezeichnet.

Wie können Preise in Kaufverträgen fixiert werden?

Die Preise können in Kaufverträgen

- genau und endgültig festgelegt werden;
- Durchschnittspreise sein, wobei bei Abweichungen von der Basisqualität Zu- bzw. Abschläge berechnet werden;
- nicht bzw. nicht endgültig festgelegt sein, z. B. durch Preis- und Kostenschwankungsklauseln.

Was versteht man unter der Erfüllungszeit der Zahlung, und welche Geschäfte unterscheidet man nach dem Zahlungszeitpunkt?

Die Erfüllungszeit der Zahlung ist jener Zeitpunkt, zu dem der Käufer den Preis für die Ware übergeben muss.

Nach dem Zahlungszeitpunkt unterscheidet man:

a) *Prompte Zahlung* (Zahlung unmittelbar bei Übergabe der Ware oder kurz danach).

b) *Spätere Zahlung* (Zahlung innerhalb eines vereinbarten Zahlungszieles = Kassarespiro).

c) *Vorauszahlung* (Zahlung vor Übergabe der Ware an den Käufer).

d) *Anzahlung* (ein Teil des Kaufpreises wird vor der Lieferung bezahlt).

e) *Teilzahlung* (Käufer zahlt den Kaufpreis in mehreren Teilbeträgen).

f) *Nachnahme* (Übergabe der Ware erfolgt nur gegen Zahlung des Nachnahmebetrages).

Welche Preisnachlässe kennen Sie?

• *Rabatte*, z. B. Mengenrabatt, Treuerabatt, Sonderrabatt;

• *Bonifikationen*, d. s. Preisnachlässe für schadhafte Waren.

Was ist ein Skonto und wann wird er gewährt?

Der Skonto ist eine Zinsenvergütung, die vom Lieferanten für vorzeitige Zahlung bei einem Zielpreis gewährt wird. Innerhalb einer bestimmten Kassafrist (Kassarespiro) kann der Käufer den Skonto vom Kaufpreis abziehen.

Was versteht man unter der Erfüllungszeit der Lieferung, welche Geschäfte unterscheidet man nach der Angabe der Lieferzeit?

Die Erfüllungszeit der Lieferung ist jener Zeitpunkt, zu dem der Verkäufer die Ware am Erfüllungsort an den Käufer übergeben muss.

Nach der Angabe der Lieferzeit unterscheidet man:

a) *Promptgeschäfte*	–	Lieferung sofort bzw. innerhalb weniger Tage;
b) *Termingeschäfte*	–	Lieferung später;
c) *Fixgeschäfte*	–	Lieferung zu einem ganz bestimmten Termin;
d) *Kauf auf Abruf*	–	der Käufer hat das Recht, die Ware jederzeit bis zu einem bestimmten Termin abzurufen.

Was versteht man unter dem Erfüllungsort der Lieferung?

Der Erfüllungsort der Lieferung ist jener Ort, an dem der Verkäufer dem Käufer die Ware zur vereinbarten Zeit und in der vereinbarten Menge und Qualität übergeben muss.

Erklären Sie den Unterschied zwischen dem Erfüllungsort der Lieferung und dem Erfüllungsort der Zahlung!

Der *Erfüllungsort der Lieferung* ist der Ort, an dem die Ware vertragsgemäß zu übergeben ist. Fehlt eine solche vertragliche Regelung, so gilt der Geschäftssitz des Verkäufers als Erfüllungsort.

Der *Erfüllungsort der Zahlung* ist der Ort, an dem der Käufer die Zahlung laut vertraglicher Vereinbarung zu leisten hat. Fehlt eine solche vertragliche Regelung, so gilt der Geschäftssitz des Käufers als Erfüllungsort.

Was sind Handelsgebräuche (Usancen)?

Handelsgebräuche (Usancen) sind Regelungen und Normen für das Verhalten von Kaufleuten, die durch ständige Anwendung bindend wurden, d. h., es handelt sich um Gewohnheitsrecht.

Zusammengefasst wurden internationale handelsübliche Vertragsformeln von der Internationalen Handelskammer in Paris unter der Bezeichnung INCOTERMS.

Zählen Sie Preisklauseln (INCOTERMS) im Binnenverkehr auf und erklären Sie ihre Bedeutung!

Preisklauseln im Binnenverkehr sind z. B.:

- „ab ..." = Käufer trägt Kosten und Gefahren ab dem genannten Ort.
- „frei ...", „franko ..." = Verkäufer trägt Kosten und Gefahren bis zum genannten Ort.
- „frachtfrei ..." = Verkäufer trägt Kosten (nicht Gefahren) bis zum genannten Ort.

Wie und nach welchen Gesichtspunkten wurden die Incoterms eingeteilt?

Die Incoterms wurden in vier Gruppen geteilt. Einpunktklauseln (Kosten und Risiko gehen an einem Ort von Verkäufer auf den Käufer über) sind in den Gruppen E, F u. D zusammengefasst. Zweipunktklauseln (Kosten- und Risikoübergang ist an verschiedenen Orten) sind in der Gruppe C.

Was versteht man unter dem Gerichtsstand und welche Bedeutung hat er?

Bei Streitigkeiten über Bestehen, Auslegung und Erfüllung eines Vertrages können Gerichte in Anspruch genommen werden.

Man unterscheidet:

* *Sachliche Zuständigkeit* (z. B. Bezirks- oder Kreisgericht): Sie ist abhängig vom Streitwert.
* *Örtliche Zuständigkeit:* Sie wird durch Vertrag oder Gesetz bestimmt.

Gesetzlicher Gerichtsstand: Gerichtsstand ist das Gericht des Ortes, in dem der Beklagte seinen Wohnsitz hat.

Beschreiben Sie die Incotermgruppen und nennen Sie deren wichtigsten Klauseln!

Gruppe E: Abholklauseln
Ex Works (EXW) = ab Werk des Verkäufers

Gruppe F: Haupttransport wird vom Verkäufer nicht bezahlt.
Free on Board (FOB) = frei an Bord
Free Alongside Ship (FAS) = frei Längsseite Seeschiff

Gruppe D: Ankunftsklauseln
Delivered, Duty Paid (DDP) = frei Bestimmungsort, verzollt.
Delivered ex Ship (DES) = geliefert ab Schiff Bestimmungshafen.

Gruppe C: Haupttransport wird vom Verkäufer bezahlt, Risiko trägt der Käufer.
Cost, Insurance, Freight (CIF) = Kosten, Versicherung und Fracht bezahlt.
Carriage Paid to ... (CPT) = frachtfrei benannter Bestimmungsort.

Warum können Pönale (Vertragsstrafen), Reuegeld oder Eigentumsvorbehalt in einem Kaufvertrag aufgenommen werden? Erklären Sie diese Begriffe!

Diese Vertragsbedingungen sollen die Einhaltung des Vertrages gewährleisten.

* *Pönale* ist eine vertraglich festgelegte Vertragsstrafe bei Lieferverzug, wobei die Pflicht zur Lieferung bestehen bleibt.

- *Reuegeld* ist der vertraglich festgelegte Betrag, der von jenem Vertragspartner, der vom Vertrag zurücktritt, zu zahlen ist.
- *Eigentumsvorbehalt* dient zur Absicherung der Forderungen des Verkäufers, d. h., bis zur Bezahlung des Kaufpreises bleibt die Ware im Eigentum des Verkäufers.

In einem Geschäftsbrief entdecken Sie die folgenden Kennzahlen. Beschreiben Sie diese Kennzahlen!

DVR: 0694827, FBNR: 9644f/FB-Gericht: HG Wien, ARA Lizenz-Nr. 6326, ATU 88888888

- DVR: 0694827 = Datenverarbeitungsregister-Nr.
- FBNR: 9644f/FB-Gericht: HG Wien = Firmenbuch-Nr.
- ARA Lizenz-Nr. 6326 = Altstoff Recycling Austria Lizenz-Nr.
- ATU 88888888 = Umsatzsteuer-Identifikationsnummer

Welchen Zweck erfüllt die Anfrage und wie ist die rechtliche Bindung?

Aufgabe der Anfrage ist es, den Kaufvertrag anzubahnen. Der Geschäftspartner soll durch eine Anfrage zur Angebotserstellung aufgefordert werden.

Rechtlich ist die Anfrage unverbindlich.

Welche Arten der Anfrage kennen Sie?

- *Allgemeine Anfrage:* Bitte um Zusendung einer Preisliste, eines Kataloges usw.
- *Bestimmte Anfrage:* Sie enthält eine genaue Beschreibung der Ware, die Bitte um Angabe des Preises sowie der Zahlungs- und Lieferbedingungen.

Was ist rechtlich ein Angebot?

Das Angebot ist ein an eine bestimmte Person gerichteter Antrag des Verkäufers, einen bestimmten Kaufvertrag abschließen zu wollen.

Welche Angebotsarten kennen Sie? Erklären Sie die Unterschiede!

- *Verlangtes und unverlangtes Angebot:*
  - Verlangtes Angebot: Antwort auf eine Anfrage.
  - Unverlangtes Angebot: Information durch den Lieferanten.
- *Bindendes und freibleibendes Angebot:*
  - Bindendes Angebot: ist an eine bestimmte Person gerichtet, Ware und Preis sind genau angegeben.
  - Freibleibendes Angebot: Bindung des Verkäufers ist durch Vorbehalte eingeschränkt, z. B. Lieferung vorbehalten, freibleibend, unverbindlich usw.

Unter welchen Voraussetzungen ist der Widerruf eines bindenden Angebots rechtswirksam?

Der Widerruf muss spätestens gleichzeitig mit dem Angebot beim Empfänger einlangen.

Nennen Sie Freizeichnungsklauseln, und erklären Sie diese!

- Lieferung vorbehalten
  Solange der Vorrat reicht
  $\begin{cases} \text{Preis verbindlich,} \\ \text{Menge unverbindlich} \end{cases}$
- Preisänderung vorbehalten
  Preise freibleibend
  $\begin{cases} \text{Menge verbindlich,} \\ \text{Preis unverbindlich} \end{cases}$
- unverbindlich
  freibleibend
  $\begin{cases} \text{Menge unverbindlich,} \\ \text{Preis unverbindlich} \end{cases}$

Was ist eine Bestellung und welche rechtliche Stellung nimmt sie im Kaufvertrag ein?

Durch die Bestellung wird der Verkäufer beauftragt, eine bestimmte Ware zu den angegebenen Bedingungen zu liefern.

Rechtlich kann die Bestellung

- der Abschluss eines Kaufvertrages sein, wenn sie aufgrund eines verbindlichen Angebotes erfolgt.
- ein Kaufantrag sein, wenn sie aufgrund eines unverbindlichen Angebotes erfolgt bzw. wenn kein Angebot vorliegt.

Unter welcher Voraussetzung begründet die Bestellung den Kaufvertrag?

Die Bestellung begründet den Kaufvertrag, wenn aufgrund eines bindenden Angebotes bestellt wird, ohne dass das Angebot bei der Bestellung verändert wurde.

Unter welchen Voraussetzungen ist der Lieferant nicht verpflichtet, aufgrund einer Bestellung zu liefern?

Wenn er kein Angebot oder ein freibleibendes Angebot erstellt hat bzw. wenn die Bedingungen des Angebotes in der Bestellung abgeändert wurden.

Welche Kriterien sind bei der Auswahl des günstigsten Angebotes zu beachten?

Preis der Ware, Qualität der Ware, Liefer- und Zahlungsbedingungen, Serviceleistungen, Vertrauen gegenüber dem Lieferanten usw.

Was muss der Widerruf einer Bestellung enthalten und unter welchen Voraussetzungen ist er rechtswirksam?

Inhalt: Wortlaut der Bestellung, Widerruf und Begründung des Widerrufs. Rechtswirksam ist der Widerruf der Bestellung, wenn er spätestens gleichzeitig mit der Bestellung beim Lieferanten eintrifft.

Unter welchen Voraussetzungen ist ein Rücktritt des Verbrauchers vom Kaufvertrag (laut Konsumentenschutzgesetz) möglich?

- Der Kaufvertrag darf nicht in den Geschäftsräumen des Verkäufers abgeschlossen worden sein.
- Der Kunde darf das Geschäft nicht selbst angebahnt haben.
- Es darf sich nicht um geringfügige Leistungen handeln.

Was ist die Auftragsbestätigung und wann ist sie notwendig?

Die Auftragsbestätigung ist eine Wiederholung der Bestellung. Sie ist notwendig, wenn

- der Lieferant nicht sofort liefern kann,
- der Käufer Angebotsteile in der Bestellung geändert hat,
- der Käufer eine Auftragsbestätigung wünscht.
- die Bestellung aufgrund eines freibleibenden Angebotes erfolgte.

Welche Funktion erfüllt ein Schlussbrief, wann wird er ausgestellt?

Der Schlussbrief ist eine Kombination von Bestellung und Auftragsbestätigung, und er wird ausgestellt, wenn

- der Kaufvertrag nach längeren Verhandlungen zu Stande kommt, um Einzelheiten nochmals zusammenzufassen;
- es sich um umfangreiche bzw. komplizierte Geschäfte handelt.

Vielfach ist der von Käufer und Verkäufer wechselseitig unterschriebene Schlussbrief die übliche Form des Kaufvertragsabschlusses.

Die Lieferung

Wann ist die Ankündigung der Lieferung notwendig?

Die Ankündigung der Lieferung ist bei größeren Lieferungen im Distanzgeschäft notwendig bzw. auch dann, wenn sie der Kunde wünscht.

Nennen Sie Gründe für die Ankündigung der Lieferung (Aviso) durch eine Versandanzeige!

Gründe für die Avisierung der Lieferung sind z. B.:

- die Warenübernahme vorzubereiten (technisch, personell),
- Vorbereitung der Lagerräume,
- Vorbereitung der Zahlung bzw. des Weiterverkaufs.

Beschreiben Sie die Funktion des Lieferscheines!

Der Lieferschein ist ein Formular, das der Käufer erhält, wenn die Ware mit Boten oder durch Lieferwagen zugestellt wird. Auf der Durchschrift des Lieferscheines (= Gegenschein) bestätigt der Käufer den Empfang der Ware. Die Preisangabe ist auf dem Lieferschein nicht notwendig.

Versendung durch Post, Bahn, LKW, Flugzeug und Schiff

Welche Arten der Nachrichtenübermittlung durch die Post kennen Sie?
Briefsendungen, Fernsprechverkehr, Telegrammverkehr, Telefax usw.

Welche Briefsendungen kennen Sie?
Briefe, Postkarten, Drucksachen, Warensendungen, Massensendungen.

Was versteht man unter eingeschriebenen Briefsendungen?
Briefsendungen, deren Aufgabe vom Postamt und deren Empfang vom Empfänger bestätigt wird.

Welche Arten von Telegrammen kennen Sie?
Gewöhnliche Telegramme, dringende Telegramme, Brieftelegramme u. a.

Beschreiben Sie die Nachrichtenübermittlung mit Telefax!
Faxgeräte sind Kopiergeräte, die über Telefonleitungen die Nachricht weiterleiten. Der Empfänger erhält eine Kopie des Originals. Faxtexte werden wie übliche Geschäftsbriefe gestaltet.

Bis zu welchem Gewicht werden Pakete durch die Post befördert?
Die Post befördert Pakete bis zu einem Gewicht von 20 kg.

Welche Versendungsarten kennen Sie beim Güterversand mit der Bahn?
a) *Stückgut*
   – Bahn Express   bis 1.000 kg je Stück
     Transportdauer: max. 24 Stunden
   – Bahn Express Kurier   bis 10 kg und 2,5 m Umfang je Stück
     Transportdauer: Fahrzeit der schnellsten Züge + ca. 45 Min.
Hauszustellung: Ist bei Bahn Express gegen Aufpreis möglich.

b) *Wagenladungen*
   – EBG: inländischer Frachtbrief
   – CIM: internationaler Frachtbrief

Wie heißen die Formulare beim Güterversand durch die Bahn?

Für Wagenladungen: Inländischer Frachtbrief (EBG), Internationaler
                     Frachtbrief (CIM)
Für Stückgut: Bahn Express, Bahn Express Kurier

Beschreiben Sie die Aufgabe eines Lastfuhrwerksunternehmens beim Güterverkehr!

Es befördert Güter direkt vom Absender zum Empfänger.
Frachturkunden: Fuhrscheine und Frachtbriefe.

Nennen Sie Vor- und Nachteile des Versandes auf dem Wasserweg, typische Güter sowie die Frachturkunden dieser Versandart!

Vorteil: billigste Versandart.
Nachteile:
- Geringe Beförderungsgeschwindigkeit.
- Geringe Dichte des Binnenwasserstraßennetzes (besonders in Österreich).
- Große Abhängigkeit von der Natur (Hoch- oder Niedrigwasser, Stürme)

Typische Güter: Massengüter, wie z. B. Kohle, Getreide, Erze.

Frachturkunden:
- bei der Hochseeschifffahrt – das Konnossement,
- bei der Binnenschifffahrt – der Ladeschein.

Beschreiben Sie die Güter, die sich besonders für das Luftfrachtgeschäft eignen! Welches Frachtpapier wird verwendet?

Im Luftfrachtgeschäft werden dringend benötigte, hochwertige oder verderbliche Waren befördert, z. B. Medikamente, Edelsteine, Präzisionsgeräte, Tiere usw.

Frachturkunde: Luftfrachtbrief (Air-Way-Bill).

Was sind Begleitpapiere? Nennen Sie einige!

Begleitpapiere begleiten die Waren auf dem Transport.
Dazu zählen:
- der *Lieferschein*,
- *Frachtdokumente*, wie z. B. der Frachtbrief,
- *sonstige Begleitpapiere*, wie z. B. Ursprungszeugnis, Zollerklärung, Einfuhrbewilligung, Devisenerklärung, Packzettel, Kontrollscheine.

Frachtführer – Spediteur

Beschreiben Sie die Aufgaben des Spediteurs!

Der Spediteur übernimmt es gewerbsmäßig, Gütersendungen durch Frachtführer im eigenen Namen und auf Rechnung des Versenders durchzuführen. Das heißt:

– er besorgt die *Beförderung,* z. B. Auswahl des Transportmittels, Ausstellung des Frachtvertrages und der Frachtpapiere,

– er erbringt *Nebenleistungen*, z. B. Abschluss der Versicherung, Verzollung, Umpacken, Einlagerung, Weiterleitung der Frachtpapiere, Inkasso von Warennachnahmen.

Was versteht man unter dem „Selbsteintritt" des Spediteurs?

Wenn im Speditionsvertrag nichts anderes vereinbart ist, so ist der Spediteur berechtigt, die Beförderung des Gutes selbst durchzuführen.

Welche Pflichten hat der Spediteur?

Der Spediteur hat die Güterversendung mit der Sorgfalt eines ordentlichen Kaufmannes zu besorgen und die Interessen des Auftraggebers wahrzunehmen.

Welche Rechte hat der Spediteur?

• Der Spediteur hat *Anspruch auf Ersatz der tatsächlichen Auslagen und auf Provision;*

• das *gesetzliche Pfandrecht;*

• das *Selbsteintrittsrecht;*

• das *Recht zur Bestellung von Zwischenspediteuren.*

Beschreiben Sie die Art und den Umfang der Haftung des Spediteurs!

Der Spediteur haftet für jeden Schaden (z. B. Verlust, verspätete Lieferung), sofern ihn ein Verschulden trifft. Eingeschränkt wird die gesetzliche Haftung durch die AÖSp (Allgemeine Österreichische Spediteurbedingungen), wodurch der Spediteur z. B. nicht für Schäden haftet,

• die Dritte (z. B. Frachtführer) verursachen;

• die auf mangelhafte Verpackung zurückzuführen sind;

• die durch Einbruchsdiebstahl (Raub) entstanden sind.

Nennen Sie wichtige Punkte, die ein Speditionsauftrag enthalten soll!

- *Bezugnahme auf ein Angebot* bzw. eine *persönliche Kontaktaufnahme*.
- *Genaue Beschreibung der Ware* (Warenart, Verpackung, Gewicht, Stückzahl, Bezeichnung der Stücke).
- *Abholungsdatum* und *Abholungsort*.
- *Zustellungsort* und *Zustellungsdatum*.
- *Sonstige Leistungen*, wie z. B. Verzollung, Teilung der Lieferung, Versicherung, Einlagerung.
- *Vereinbarter Frachtsatz, Zahlungsbedingungen* usw.

Erklären Sie den Unterschied zwischen einem Frachtführer und einem Spediteur!

Der *Frachtführer* übernimmt gewerbsmäßig Gütertransporte (z. B. Post, Bahn, Straßenfrächter).

Der *Spediteur* ist Vermittler zwischen Versender und Frachtführer, d. h., er übernimmt es gewerbsmäßig, Gütersendungen für Rechnung eines anderen im eigenen Namen durch Frachtführer durchführen zu lassen. Daneben führt der Spediteur noch verschiedene Nebenleistungen durch, wie z. B. Versicherung, Verzollung und Einlagerung der Waren, Inkasso der Rechnung usw.

Warenübernahme

Beschreiben Sie die Aufgabe des Käufers bei der Warenübernahme!

Der Käufer ist verpflichtet, die Waren am vereinbarten Ort und zur vereinbarten Zeit zu übernehmen. Dabei hat er die Waren unverzüglich nach Erhalt auf Art, Menge und Güte zu untersuchen. Zeigen sich Mängel, so hat der Käufer dem Verkäufer unverzüglich Meldung zu machen. Bei ordnungsgemäßer Lieferung kann eine Empfangsbestätigung ausgestellt werden.

Die Rechnung

Welche Aufgaben erfüllt die Rechnung im Kaufvertrag?
Welche anderen Bezeichnungen für eine Rechnung können Sie noch nennen?

Durch die Rechnung teilt der Verkäufer dem Käufer den Betrag mit, den dieser letztlich zu bezahlen hat.

Andere Bezeichnungen für eine Rechnung sind: Faktura, für kleine Rechnungen Nota.

Nennen Sie die im USt-Gesetz vorgeschriebenen Rechnungsbestandteile für Rechnungen über EUR 150,–!

• Name und Anschrift des liefernden oder leistenden Unternehmens.
• Name und Anschrift des Empfängers der Lieferung oder Leistung.
• Menge und handelsübliche Bezeichnung der Ware oder Leistung.
• Tag (Zeitraum) der Lieferung oder Leistung.
• Rechnungsbetrag ohne Umsatzsteuer.
• Umsatzsteuer.

Wodurch kann sich eine Rechnung unter EUR 150,– laut USt-Gesetz von einer Rechnung über EUR 150,– unterscheiden?

Bei Rechnungen bis EUR 150,– genügt die Angabe des Steuersatzes, der Umsatzsteuerbetrag muss nicht gesondert ausgewiesen werden.

Name und Anschrift des Empfängers kann entfallen.

Erklären Sie die Begriffe „Nettorechnungsbetrag" und „Bruttorechnungsbetrag"!

• *Nettorechnungsbetrag:*   Entgelt ohne Umsatzsteuer.
• *Bruttorechnungsbetrag:* Entgelt einschließlich Umsatzsteuer.

Wann muss die USt in der Rechnung gesondert ausgewiesen sein?

Wenn der Bruttorechnungsbetrag mehr als EUR 150,– beträgt und der Empfänger der Rechnung ein Unternehmer ist.

Geld und Währung

Beschreiben Sie die Entstehung des Geldes!

1. Stufe: *Warengeld* (Salz, Muscheln usw.)
   Tausch Ware gegen Ware.

2. Stufe: *Metallgeld* (Gold, Silber, Kupfer)
   Der Tauschwert entspricht dem Metallwert der Münze.

3. Stufe: *Papiergeld*
   Der Tauschwert ergibt sich durch die gesetzliche Ordnung.

4. Stufe: *Buchgeld* (Giralgeld)
   Dieses Geld ist stofflos, es besteht aus jederzeit verfügbaren Beträgen auf Girokonten.

Welche Aufgaben (Funktionen) hat das Geld?

- *Tauschmittel:*   zum Tausch Ware – Geld.
- *Wertmesser:*   zum Vergleich des Wertes von Gütern.
- *Sparmittel:*   zum leichten Aufbewahren überschüssiger Mittel.
- *Kreditmittel:*   Bereitstellung von Geld.

Was versteht man unter „Währung"?

Unter Währung versteht man die gesetzliche Regelung des Geldwesens eines Staates.

Sie regelt:

- *Einheit der Währung und Stückelung*;
- *Deckung der Währung*;
- *Recht zur Herstellung von Münzen und zur Ausgabe von Papiergeld.*

Was sind Valuten und Devisen?

Valuten: Ausländisches Geld in Form von Münzen und Banknoten im Inland.
Sie haben im Inland keine gesetzliche Zahlungskraft.

Devisen: Forderungen in ausländischer Währung, die im Ausland zahlbar sind (Schecks, Wechsel usw.).

Was versteht man unter dem „Kurs"?

Der Kurs ist der Preis für ausländische Zahlungsmittel.

Angabe: 1 EUR entspricht . . . Kauf/Verkauf.

Die Angabe des Kurses (Kauf bzw. Verkauf) erfolgt aus der Sicht des Kreditinstitutes, d. h. beim Kauf ist der höhere und beim Verkauf der niedrigere Kurs anzuwenden.

Die Zahlung

Welche Möglichkeiten des Zahlungsausgleiches (Zahlungsarten) kennen Sie?

- *Bargeldzahlung:* Weder Zahler noch Empfänger benützt ein Konto.
- *Halbbare Zahlung:* Entweder Zahler oder Empfänger benützt ein Konto.
- *Unbare (bargeldlose) Zahlung:* Sowohl Zahler als auch Empfänger benützen ein Konto.

Unterscheiden Sie zwischen Barerlag und Inkasso!

- *Barerlag:* Zahler übergibt Geld in Form von Münzen und Banknoten.
- *Barinkasso:* Empfänger holt Geld in Form von Münzen und Banknoten.

Nennen Sie Formen der Bestätigung bei der Barzahlung!

Kassazettel, Saldierungsvermerk auf der Rechnung, Quittung.

Nennen Sie Möglichkeiten der Bargeldzahlung durch Vermittlung der Post!

- *Bargeldüberweisung:*   Wertbrief, Postanweisung
- *Bargeldeinzug:*   Postnachnahme, Postauftrag

Beschreiben Sie die Bargeldzahlung mit Hilfe eines Wertbriefes!

Mit dem Wertbrief können Papier- und Hartgeld, Wertpapiere, Briefmarken usw. in einem speziellen Kuvert versandt werden.

Beschreiben Sie die Bargeldüberweisung mittels Postanweisung! Woraus besteht das Postanweisungsformular?

Der Absender zahlt eine Geldsumme bei einem Postamt ein und weist die Post an, diese Summe an den Empfänger bar auszuzahlen.

Das Postanweisungsformular besteht aus 3 Teilen:

1. *Aufgabeschein:* erhält der Absender;
2. *Abschnitt für den Empfänger*;
3. *Eigentliche Postanweisung:* bleibt, nachdem der Empfänger auf der Rückseite quittiert hat, beim auszahlenden Postamt.

Beschreiben Sie a) den Bargeldeinzug mittels Postnachnahme, b) das Formular!

a) Der Absender gibt der Post den Auftrag, eine Postsendung (Brief, Paket) an den Empfänger nur gegen Einziehung eines bestimmten Betrages auszufolgen.

b) Das Formular für die Postnachnahme besteht aus 2 Teilen:

1. *Abschnitt für den Empfänger*;
2. Eigentliche *Nachnahmepostanweisung*: bleibt nach Quittierung durch den Geldempfänger auf der Rückseite beim auszahlenden Postamt.

Beschreiben Sie den Postauftrag!

Der Gläubiger beauftragt die Post, vom Schuldner einen bestimmten Betrag einzuziehen.

Definieren Sie den Begriff „Scheck"!

Ein Scheck ist der schriftliche Auftrag an ein Geldinstitut, vom Konto des Ausstellers einen bestimmten Betrag auszuzahlen.

Nennen Sie Scheckarten!

Inhaberscheck, Verrechnungsscheck, Namensscheck, Reisescheck.

Wie unterscheidet sich der Inhaberscheck vom Verrechnungsscheck?

Durch „Kreuzen" d. h. durch Anbringen zweier diagonaler Linien bzw. eines Stempels „zur Verrechnung" wird aus dem Inhaberscheck ein Verrechnungsscheck.
Ein Verrechnungsscheck kann nur einem Konto gutgeschrieben werden (Diebstahlsicherung).

Welche Scheckvorlagefristen kennen Sie?

• Inlandsscheck: 8 Tage
• Auslandsscheck mit Ausstellungs- und Zahlungsort
  – im selben Erdteil: 20 Tage
  – in verschiedenen Erdteilen: 70 Tage

Beschreiben Sie die Wirkungsweise eines Bankomaten und die Vorteile für den Benützer!

Mit der Bankomatkarte kann man nach Eintippen einer Geheimnummer bei jedem BANKOMAT (= Geldausgabeautomat) unabhängig von den Kassastunden Geld (Höhe des Betrages ist vom jeweiligen Bankinstitut abhängig) abheben.

Wie funktioniert POS-Banking (point of sale)?

Mit der Bankomatkarte bzw. den meisten Kreditkarten kann man bargeldlos am POS-Terminal zahlen.
Karte und Eingabe des PIN-Codes genügen, die Abrechnung erfolgt mit dem Zahlungsdatum.

Nennen Sie die Vorteile der Geldbörse „Quick"!

Der auf der Bankomatkarte angebrachte Chip ist bis 400,-- Euro aufladbar und wurde für Zahlungen von Kleinbeträgen bzw für Automaten entwickelt.

Erklären Sie den Begriff „Electronic Banking"!

Unter Elektronic Banking versteht man alle Arten von Bankdienstleistungen die vom Kunden über einen PC mit entsprechender Bank-Software, Modem und Telefonleitung in Anspruch genommen werden. Voraussetzung sind die persönliche Identifikationsnummer (PIN) und die Transaktionsnummer (TAN), die elektronische Unterschrift.

Welche Bankgeschäfte kann man mit Electronic Banking abwickeln?

Folgende Bankgeschäfte werden üblicherweise abgewickelt:
Überweisungen, Sammelüberweisungen, Daueraufträge einrichten, Kontoauszüge ausdrucken, Kontostand abfragen, Abschöpfungsaufträge auf das Sparbuch einrichten ...

Wie ist der Ablauf dem Telebanking?

Kreditinstitute stellen die Software zur Verfügung, die am Kunden-PC installiert werden muss.
Überweisungen, Daueraufträge usw können online nach Eingabe der Identifikationsnummer und der Transaktionsnummer durchgeführt werden.

Beschreiben Sie den Ablauf beim Internet-Banking!

Der Kunde gibt die Internetadresse seiner Hausbank ein und wählt den Link Internet-Banking. Zugang zum Konto erhält er durch Eingabe einer fünfstelligen Verfügungsnummer, einer PIN und eines Verfügungsnamen (frei gewählt wie ein Passwort). Zusätzlich werden elektronische Unterschriften (TANs) benötigt.

Wie unterscheiden sich Telebanking vom Internet-Banking?

Beim Internet-Banking wird keine spezielle Banken-Software benötigt, d. h., der Bankkunde kann vom PC mit Internetzugang direkt auf sein Konto bei der Bank zugreifen.

Welche Möglichkeiten bietet Phone-Banking?

Phone-Banking bietet die Möglichkeit, Bankgeschäfte über das Telefon abzuwickeln.
Benötigt werden Identifikationsmerkmale wie z. B. persönliche Geheimzahl, Bankleitzahl, Kontonummer.

Was versteht man unter WAP-Banking?

Mit einem WAP-fähigen Handy kann man weltweit Zugriff aufs eigene Bankkonto nehmen.
Voraussetzungen sind: WAP-fähiges Handy, Mobilnetz, Konto mit Zugang zum Internet (Verfügungsnummer, PIN-Code).
Anwendungsbeispiele sind: Kontoabfragen, Überprüfung von Kontobewegungen, Depotabfragen, Fonds-Informationen.

Für welche Zahlungsart wird der Zahlschein (Erlagschein bei der Post) hauptsächlich verwendet?

Der Zahlschein (Erlagschein) wird hauptsächlich zur Bareinzahlung auf ein Konto verwendet (Überweisung ist möglich).

Nennen Sie alle Möglichkeiten der Verwendung eines Zahlscheines (Erlagscheines)!

- Der Zahlungspflichtige zahlt bei der Post (Kreditinstitut) ein, der Empfänger bekommt das Geld
  – am PSK-Konto
  – am Konto seines Kreditinstitutes gutgeschrieben.
- Der Zahlungspflichtige überweist von seinem Konto auf
  – das PSK-Konto des Empfängers
  – das Bankkonto des Empfängers.

Wodurch unterscheidet sich ein Erlagschein, mit dem von einem PSK-Konto auf ein anderes PSK-Konto überwiesen werden soll, von einem Erlagschein, der zur Bareinzahlung auf ein PSK-Konto verwendet wird?

Bei Bareinzahlung auf ein PSK-Konto wird neben Einzahler, Empfänger und Betrag die PSK-Kontonummer des Empfängers eingetragen.

Bei der Überweisung von einem PSK-Konto auf ein PSK-Konto sind zusätzlich

- die PSK-Kontonummer des Zahlers einzutragen und
- der Erlagschein scheckmäßig zu fertigen (= zu unterschreiben).

Welche Aufgaben erfüllt die Überweisung im Giroverkehr?

Dieses (einheitliche) Formular kann nur zur Überweisung von einem Girokonto auf ein anderes verwendet werden (unbarer Zahlungsverkehr).

Was ist ein Dauerauftrag und unter welchen Bedingungen ist er sinnvoll?

Der Dauerauftrag wird für Überweisungen verwendet, die regelmäßig, in gleicher Höhe und an den gleichen Empfänger gerichtet sind (z. B. Kreditraten, Versicherungsprämien, Miete).

Beschreiben Sie den Lastschriftverkehr und nennen Sie Beispiele für die Verwendung!

Der Zahlungsempfänger erhält die Berechtigung, die fälligen Beträge vom Konto des Zahlungspflichtigen abbuchen zu lassen.

Diese Zahlungsart ist immer dann sinnvoll, wenn wiederkehrende Zahlungen in unterschiedlicher Höhe und/oder zu unterschiedlichen Terminen fällig werden und somit ein Dauerauftrag nicht erteilt werden kann (z. B. Telefon-, Strom- und Gasrechnungen, Miete bei unterschiedlich hohen Betriebskosten.

Welchen Nachteil hat der Lastschriftverkehr gegenüber dem Dauerauftrag?

Beim Dauerauftrag überweist das Kreditinstitut zu den im Auftrag enthaltenen Bedingungen automatisch und immer in gleicher Höhe. Beim Lastschriftverkehr erhält der Gläubiger das Recht, über das Konto des Schuldners zu verfügen, d. h., es muss ein Vertrauensverhältnis zwischen Gläubiger und Schuldner bestehen.

Beschreiben Sie die Zahlung mit Kreditkarten!

Die Kreditkarte dient der bargeldlosen Zahlung. Die Daten auf der Kreditkarte des Kunden werden durch eine Vorrichtung auf einen Einzugsbeleg übertragen, auf dem zuzüglich Rechnungsbetrag und Ausstellungsdatum eingetragen werden. Der vom Kunden unterschriebene Beleg wird über eine Verrechnungsstelle dem Kunden verrechnet. Die Verrechnungsstelle verrechnet dem Kunden Provision.

Beispiele für Kreditkarten: Visa, Eurocard, Master Card, Diners Club

Der Wechsel

Definieren Sie den Begriff „Wechsel"!

Wechsel sind mit gesetzlichen Merkmalen ausgestattete Urkunden, durch die sich der Aussteller verpflichtet, dem Wechselberechtigten eine bestimmte Summe Geld am Verfallstag zu zahlen oder durch eine dritte Person zahlen zu lassen.

Nennen Sie die gesetzlichen Bestandteile des Wechsels!

Laut Wechselgesetz muss der Wechsel folgende Bestandteile aufweisen:

- Die *Bezeichnung „Wechsel"* im Text der Urkunde, und zwar in der Sprache, in der der Wechsel ausgestellt wurde;
- die *Anweisung, eine bestimmte Geldsumme zu zahlen*;
- den *Namen des Zahlers* (Bezogener, Trassat);
- die *Verfallszeit*;
- den *Zahlungsort*;
- den *Namen des Zahlungsempfängers* (Begünstigter, Remittent);
- *Ausstellungsort* und -*datum*;
- *Unterschrift des Ausstellers* (Trassant).

Nennen und beschreiben Sie die Wechselarten!

a) *Gezogener Wechsel*:
  - Wechsel an fremde Order: Aussteller, Bezogener und Begünstigter sind drei verschiedene Personen.
  - Wechsel an eigene Order: Der Aussteller ist gleichzeitig der Begünstigte.
b) *Solawechsel:* Der Aussteller ist gleichzeitig der Bezogene.
c) *Warenwechsel:* Ursache der Wechselausstellung ist eine Warenlieferung.
d) *Finanzwechsel*: Der Wechsel wurde ausgestellt, um einen Kredit zu gewähren.

Was ist ein Blankowechsel und wann wird er ausgestellt?

Blankowechsel sind Wechsel ohne eingesetzte Wechselsumme. Blankowechsel werden häufig von Kreditinstituten zur Kreditsicherung verlangt.

In welcher Form kann am Wechsel die Verfallszeit angegeben sein und wie werden diese Wechsel bezeichnet?

a) Die Verfallszeit ist exakt angegeben:
  - *Tag- oder Präziswechsel:* z. B. „Gegen diesen Wechsel zahlen Sie am 15. Mai 20 . "
b) Die Verfallszeit ist nicht exakt angegeben:
  - *Sichtwechsel:* z. B. „Gegen diesen Wechsel zahlen Sie bei Sicht"
  - *Nachsichtwechsel:* z. B. „Gegen diesen Wechsel zahlen Sie 30 Tage (3 Monate) nach Sicht"
  - *Datowechsel:* z. B. „Gegen diesen Wechsel zahlen Sie 14 Tage a dato"

Welche Bedeutung hat der Zahlstellen- und Domizilvermerk?

Durch die Angabe des Zahlungsortes wird das Wechselinkasso erleichtert, da meist als Zahlungsort eine Bank angegeben wird.

Welche Bedeutung hat die Wechselannahme (das „Akzept"), welche Arten des Akzeptes kennen Sie?

Durch seine Unterschrift (sein Akzept) erklärt der Bezogene, dass er bereit ist, die Zahlung zu leisten, d. h., er akzeptiert den Wechsel und wird zum Hauptwechselschuldner.

Arten des Akzeptes sind z. B. Teilakzepte (für einen Teilbetrag), Blankoakzepte, Vollakzepte (Name, Adresse und Unterschrift), Kurzakzepte (Name, Unterschrift).

Beschreiben Sie die Wechselbürgschaft und erklären Sie ihre Wirkung!

Durch einen Bürgen kann die Zahlung der Wechselsumme zusätzlich garantiert werden. In der Bürgschaftserklärung muss ersichtlich sein, für wen gebürgt wird. Fehlt eine solche Erklärung, so gilt die Bürgschaft für den Aussteller. Durch die Bürgschaftserklärung haftet der Wechselbürge genauso wie der Hauptschuldner.

Bei einem Wechsel ist die Verfallszeit nicht angegeben. Wann wird dieser Wechsel fällig?

Ist in einem Wechsel die Verfallszeit nicht angegeben, so ist er automatisch ein Sichtwechsel, d. h., er ist bei Vorlage fällig.

Welche Gebühr ist für einen Wechsel zu entrichten und wie erfolgt die Entrichtung dieser Gebühr?

- *Entstehung der Gebührenschuld:*
  - Bei Akzeptleistung.
  - Bei Blankowechsel bei Vervollständigung des Wechsels.
  - In der Praxis meist bei Diskont- oder Inkassoeinreichung.
- *Höhe der Gebühr:* 1/8 % der Wechselsumme auf Cent gerundet.
- *Entrichtung der Gebühr:* Die Vergebührung erfolgt durch Kreditinstitute, die diese Beträge an das Finanzamt abführen und einen entsprechenden Vermerk am Wechsel aufstempeln.

Welche Möglichkeiten hat der Begünstigte einen Wechsel zu verwerten?

Der Begünstige kann

• den Wechsel behalten und bei Fälligkeit einkassieren;
• den Wechsel weitergeben
  – *zum Inkasso* (d. h. durch eine Bank bzw. einen Geschäftsfreund einkassieren lassen);
  – *zum Diskont* (d. h. Verkauf des Wechsels an eine Bank vor Ablauf der Fälligkeit);
  – *an Zahlungs statt* an einen Lieferanten.

Was versteht man unter einem „Indossament"?

Die Übertragung eines Wechsels erfolgt mittels Indossaments, d. h. durch einen schriftlichen Weitergabevermerk auf der Rückseite des Wechsels.

Beschreiben Sie die Rechtswirkung eines Indossaments!

• *Übertragungsfunktion* – das Eigentumsrecht wird an eine andere Person übergeben.
• *Garantiefunktion* – jeder, der den Wechsel indossiert, haftet für die Bezahlung der Wechselsumme.
• *Legitimationsfunktion* – sie ermöglicht die Feststellung, ob jemand rechtmäßiger Eigentümer des Wechsels ist (Ausnahme: Blankoindossament).

Nennen Sie Arten von Indossamenten und beschreiben Sie diese!

Arten von Indossamenten sind z. B.:

• *Vollindossament* – mit Namen des Indossatars (neuer Wechselbegünstigter), Abtretungsklausel, Datum, Unterschrift des Indossanten (Weitergebenden).
• *Blankoindossament* – es besteht ausschließlich aus der Unterschrift des Indossanten.
• *Prokura- oder Vollmachtsindossament* – durch dieses Indossament erfolgt keine Eigentumsübertragung, sondern der Indossatar erhält eine besondere Vollmacht, z. B. eine Vollmacht zum Inkasso der Wechselsumme.

Was ist eine „Rektaklausel" und welche Wirkung hat sie?

Die Rektaklausel „nicht an die Order", die vom Aussteller oder von jedem Indossanten gesetzt werden kann, verbietet wechselrechtlich die Weitergabe des Wechsels. Diese Klausel soll den Wechselmissbrauch verhindern, z. B. bei Blankowechsel, die zur Kreditsicherung dienen, Wechsel im Rahmen von Ratengeschäften usw.

Was versteht man unter Wechseldiskontierung (Eskontierung)?

Unter Wechseldiskont versteht man den Verkauf eines Besitzwechsels vor dessen Fälligkeit durch den Begünstigten an ein Kreditinstitut.

Wie erfolgt die Abrechnung bei der Diskontierung eines Wechsels?

Bei der Diskontierung werden von der Bank von der Wechselsumme
- die *Zinsen für die Restlaufzeit*,
- *Diskont-* oder *Eskontprovision* und
- *Gebühren* bzw. *Spesen* (Inkassogebühren) abgezogen.

Beschreiben Sie den Vorgang bei der Vorlegung des Wechsels!

Bei Fälligkeit ist der Wechsel vom Wechselberechtigten dem Bezogenen zur Zahlung vorzulegen (Holschuld). Die Vorlegung hat am Verfallstag oder an den beiden folgenden Werktagen zu erfolgen (Samstage und Karfreitag zählen nicht als Werktage).
Bei nicht fristgerechter Vorlage erlöschen die wechselrechtlichen Ansprüche gegen Aussteller und Indossanten – nicht aber gegen den Bezogenen.

Wie erfolgt das Wechselinkasso?

Die Wechselvorlage kann entweder durch den Wechselberechtigten selbst oder durch einen Bevollmächtigten (mit Prokuraindossament) erfolgen. Meist werden Banken mit dem Inkasso beauftragt, die dafür eine Inkassogebühr verrechnen.

Bei der Einlösung des Wechsels hat der Bezogene den Wechsel zu prüfen. Auf welche Punkte hat er dabei besonders zu achten?

Bei der Einlösung hat der Bezogene darauf zu achten, dass
- die gesetzlichen Erfordernisse erfüllt wurden, d. h. dass der Wechsel formal in Ordnung ist;
- die Reihe der Indossanten lückenlos ist;
- der Wechselinhaber zum Inkasso berechtigt ist.

Der Bezogene bietet bei der Wechselvorlage eine Teilzahlung an. Muss die Teilzahlung angenommen werden?

Eine Teilzahlung muss angenommen werden, da sonst das Rückgriffsrecht über diesen Betrag verloren geht.

Wie erfolgt die Zahlungsbestätigung bei Teil- bzw. Vollzahlung eines Wechsels?

Bei Teilzahlung erhält der Bezogene eine Quittung über den bezahlten Teilbetrag, nicht aber den Wechsel.

Bei Vollzahlung erhält der Bezogene den quittierten Wechsel übergeben. Die unter das letzte Indossament gesetzte Zahlungsbestätigung beendet den Wechselumlauf.

Welcher Schriftverkehr ergibt sich im Normalfall, d. h. bei einem Wechsel an eigene Order und Inkasso durch ein Kreditinstitut?

- *Trassierung und Akzepteinholung*
  Nach Ausstellung des Wechsels (Trassierung) wird dieser mit einem entsprechenden Begleitschreiben zur Akzepteinholung an den Bezogenen (Käufer) gesendet.

  Um einen Missbrauch zu vermeiden, wird der Wechsel vorerst vom Aussteller nicht unterschrieben – d. h., der Wechsel kann in einem einfachen Brief verschickt werden.

- *Wechselrücksendung*
  Hat der Bezogene den Wechsel akzeptiert und vergebührt, so schickt er den Wechsel eingeschrieben und mit einem entsprechenden Begleitbrief versehen an den Aussteller zurück.

- *Inkasso*
  Der Bezogene hat dem Kreditinstitut den Wechselbetrag bereitzustellen und einen Einlösungsauftrag (Vordruck) zu erteilen.

  Der Wechselinhaber versieht den Wechsel mit einem Inkassoindossament und schickt ihn mit einem ausgefüllten Formular (Wechseleinreichung) zum Inkasso ein.

  Während dem Wechselinhaber der Betrag auf seinem Konto gutgeschrieben wird, erhält der Bezogene vom Kreditinstitut den Wechsel mit dem Kontoauszug zugeschickt.

Nennen Sie Störungen, die sich im Wechselumlauf ergeben können!

- *Störungen während der Laufzeit:*
  – der Bezogene akzeptiert nicht.
  – der Bezogene wird zahlungsunfähig.
- *Störung am Ende der Laufzeit:*
  – der Bezogene zahlt nicht.

Welche Möglichkeiten hat der Wechselberechtigte bei Störungen im Wechselumlauf?

Der Wechselberechtigte kann wechselrechtlich vorgehen bzw. er kann den Wechsel prolongieren (verlängern).

Beschreiben Sie die Vorgangsweise beim gestörten Wechselumlauf!

1. *Vorlage:* Die Annahme bzw. Zahlung des Wechsels wird verweigert.

2. *Protest:* Der Protest ist die öffentliche Beurkundung der nicht erbrachten wechselrechtlichen Leistung (Notar, Gericht).

3. *Notifikation:* Benachrichtigung der Vordermänner durch den Wechselinhaber, dass der Wechsel notleidend wurde.

4. *Regress* (Rückgriff): Der Wechselinhaber kann seine Rechte gegenüber seinen Vordermännern geltend machen, wenn der Bezogene die Annahme bzw. die Bezahlung verweigert.

5. *Rückrechnung:* Der Rückgriffnehmer kann seine Forderungen (Wechselsumme, Zinsen, Kosten, Provision) durch die Rückrechnung geltend machen.

6. *Wechselprozess:* Jeder der auf einem Wechsel aufscheint (Vordermann, Aussteller, Bezogener) kann zur Zahlung verpflichtet bzw. bei Nichteinbringung der Zahlung geklagt werden.

Nennen Sie die Fristen bei der Notifikation!

Der Wechselberechtigte hat innerhalb von

- 4 Werktagen seinen Vordermann und den Aussteller;
- jeder Vordermann seinerseits wieder den Vordermann innerhalb von 2 Werktagen

davon zu verständigen, dass der Bezogene nicht bezahlt bzw. den Wechsel angenommen hat.

Erklären Sie den Unterschied zwischen Reihenregress und Sprungregress!

- Beim *Reihenregress* wird der Rückgriff in der Reihenfolge der Indossamente durchgeführt.
- Beim *Sprungregress* werden einzelne Indossamente beim Rückgriff übersprungen.

Wann verjähren die wechselrechtlichen Ansprüche a) gegen den Akzeptanten b) gegen den Aussteller und gegen die Indossanten?

a) Die wechselrechtlichen Ansprüche gegen den Akzeptanten verjähren 3 Jahre nach dem Verfallstag.

b) Die wechselrechtlichen Ansprüche gegen Aussteller und Indossanten verjähren 1 Jahr nach dem Protesttag.

Was versteht man unter „Prolongation" eines Wechsels?

Unter Prolongation versteht man die Verlängerung der Laufzeit einer Wechselschuld, wenn der Bezogene am Verfallstag nicht zahlen kann.

Dabei kann die Verlängerung am Wechsel eingetragen werden oder es wird ein neuer Wechsel (Prolongationswechsel) ausgestellt.

Welche wirtschaftlichen Funktionen erfüllt der Wechsel?

Die Funktionen des Wechsels sind:

- *Zahlungsmittel:* Der Wechsel kann an Zahlungs statt weitergegeben werden.
- *Finanzierungs- und Kreditsicherungsfunktion:* Der Wechsel dient zur Finanzierung (Diskontkredit) bzw. zur Sicherung von Krediten.

Unterscheiden Sie die Begriffe Tratte und Rimesse!

- Für den Bezogenen (*Trassat*) ist der Wechsel ein Schuldwechsel oder eine Tratte.
- Für den Begünstigten (*Remittent*) ist der Wechsel ein Besitzwechsel oder eine Rimesse.

Wertpapiere

Was versteht man allgemein unter Wertpapieren?

Wertpapiere sind Urkunden, die Vermögensrechte dokumentieren.
Die Ausübung dieser Rechte ist an den Besitz der Urkunden gebunden.

Wie können Wertpapiere eingeteilt werden?

Wertpapiere können eingeteilt werden in:

- *Wertpapiere ohne Ertrag:*
  - Warenwertpapiere (z. B. Lieferschein, Ladeschein)
  - Geldwertpapiere (z. B. Banknoten, Schecks)
- *Wertpapiere mit Ertrag:*
  - Gläubigerpapiere (z. B. Anleihen, Obligationen, Kommunalschuldverschreibungen)
  - Anteilspapiere (z. B. Aktien, Investmentzertifikate)
  - Sonderformen (z. B. Wandelschuldverschreibungen)

Welche Wertpapiere werden als „Effekten" bezeichnet?

Anleihen, Pfandbriefe, Kommunalschuldverschreibungen, Aktien, Investmentzertifikate, Wandelschuldverschreibungen u. a.

Wie werden Effekten (Wertpapiere) übertragen?

Im Allgemeinen sind Wertpapiere Inhaberpapiere, d. h., sie können formlos weitergegeben werden.

In Sonderfällen gelten besondere Bestimmungen wie z. B. bei Namensaktien. Bei diesen erfolgt die Weitergabe mittels Indossaments und Umschreibung im Aktienbuch. Bei vinkulierten Namensaktien ist die Übertragung zusätzlich an die Zustimmung des Vorstandes gebunden.

Wie unterscheiden sich Gläubigerpapiere von Anteilspapieren?

Der Besitzer eines Anteilspapieres wird zum Mitbesitzer an einer Unternehmung (Investmentfonds) und ist am Erfolg des Unternehmens beteiligt. Wichtigste Formen sind: Aktien, Investmentzertifikate.

Der Besitzer eines Gläubigerpapieres ist Darlehensgeber und hat somit Anspruch auf Rückzahlung nach einer vorbestimmten Laufzeit und Verzinsung. Wichtigste Formen: Anleihen, Obligationen, Pfandbriefe.

Bei Wertpapieren spricht man von Mantel und Kuponbogen! Erklären Sie diese Begriffe!

Der *Mantel* ist die Urkunde, die ein Gläubiger- oder Teilhaberrecht verbrieft.

Der *Kuponbogen* besteht aus Abschnitten (Kupons), die zum Geltendmachen der Zinsen oder Dividende einer Bank vorgelegt werden.

Dem letzten Kupon ist ein Erneuerungsschein (Talon) beigefügt, der zum Bezug eines neuen Kuponbogens berechtigt.

Mantel und Kuponbögen werden bei Neuemissionen meist nicht mehr gedruckt.

Erklären Sie den Nenn- und den Kurswert von Effekten!

Der Nennwert ist der Betrag, der auf dem Wertpapier aufgedruckt ist. Der Kurswert ist der Marktpreis für ein Wertpapier, der sich aus Angebot und Nachfrage ergibt.

Bei Effektenkursen unterscheidet man:
* *Prozentkurs*: Kurs für 100 Währungseinheiten Nominale.
* *Stückkurs*: Kurs pro Stück eines Wertpapieres.

Nennen Sie Vor- und Nachteile von Teilhaber- und Gläubigerpapieren!

Vorteile der Teilhaberpapiere sind u. a.:
* Anteil am Wertzuwachs eines Unternehmens.
* Unabhängigkeit von der Kaufkraftänderung des Geldes (z. B. Inflation).
* Mögliche Kursgewinne.

Nachteile der Teilhaberpapiere sind u. a.:
* Hohes Risiko (Kursverlust, vollkommener Wertverlust bei Konkurs).
* Meist geringer Ertrag (Dividende).

Vorteile der Gläubigerpapiere sind u. a.:
* Sicherer Ertrag und Rückzahlung.
* Relativ hoher Ertrag.

Nachteile der Gläubigerpapiere sind u. a.:
* Wertverlust, wenn die Inflation höher ist als der Zinsertrag.
* Fester Zinsertrag, unabhängig vom Unternehmenserfolg.

Welche Rechte ergeben sich beim Erwerb von Aktien für den Aktionär?

Die Rechte des Aktionärs sind:

- das *Stimmrecht in der Hauptversammlung*;
- das *Recht auf Dividende* (Gewinnanteil);
- das *Bezugsrecht bei der Neuausgabe von Aktien* (junge Aktien);
- das *Recht auf Anspruch auf Liquidationserlös* bei der Auflösung der AG.

Was sind und wie unterscheiden sich Stamm- und Vorzugsaktien?

Stamm- und Vorzugsaktien unterscheiden sich durch die mit ihnen verbundenen Rechte.

Stammaktien sind Aktien ohne Vorrechte, d. h., sie gewähren die im Aktiengesetz vorgesehenen Rechte.

Vorzugsaktien räumen dem Inhaber besondere Rechte, wie z. B. höhere Dividende, Vorwegdividende, besondere Liquidationsrechte ein.

Nach der Übertragbarkeit unterscheidet man Inhaber-, Namens- und vinkulierte Namensaktien. Beschreiben Sie diese Wertpapiere!

- Die meisten Aktien sind *Inhaberaktien*, d. h. sie können formlos weitergegeben werden.
- *Namensaktien* lauten auf den Namen des Aktionärs, d. h. sie können nur mit Indossament und nach Umschreibung im Aktienbuch der Gesellschaft weitergegeben werden.
- *Vinkulierte Namensaktien* können nur nach Zustimmung der Gesellschaft (Vorstand) auf andere Personen übertragen werden.

Was sind Investmentzertifikate und welche Vorteile bringt diese Anlageform?

Investmentzertifikate verbriefen das Miteigentum an Kapitalanlagegesellschaften. Die Gesellschaft legt das Geld vieler Sparer (Erwerber von Investmentzertifikaten) in vielen verschiedenen börsennotierten Wertpapieren an.

Vorteile dieser Anlageform:

- Durch Streuung des Wertpapierbesitzes wird das Risiko gemindert.
- Das Fachwissen der Wertpapierfachleute des Fonds garantiert eine optimale Anlage.

Welche Besonderheiten besitzen Wandelschuldverschreibungen?

Wandelschuldverschreibungen werden als Anleihen und mit allen deren Merkmalen emittiert (ausgegeben). Zusätzlich besteht das Recht auf Umtausch in Aktien.

Beschreiben Sie Anleihen und ihre wirtschaftliche Bedeutung!

Anleihen sind Darlehen, die von Körperschaften (Bund, Länder, Gemeinden) oder Großunternehmen unter genau festgelegten Bedingungen aufgenommen werden.

Das gesamte Anleihevolumen wird in Teilbeträge gestückelt. Der Anleiheschuldner verpflichtet sich, den Gläubigern Zinsen und Darlehen zu vorbestimmten Terminen zu zahlen.

Die wirtschaftliche Bedeutung der Anleihen liegt in der Möglichkeit, mit Teilbetragen von vielen Kleinanlegern große Summen aufzubringen.

Wodurch unterscheiden sich Pfandbriefe und Kommunalschuldverschreibungen von Anleihen?

Pfandbriefe sind wie Anleihen festverzinsliche Wertpapiere mit folgenden wesentlichen Unterschieden:

- Pfandbriefe und Kommunalschuldverschreibungen dürfen nur von dazu berechtigten Kreditinstituten ausgegeben werden.
- Die eingezahlten Mittel werden an Kreditnehmer weitergegeben (in Form von Hypothekarkrediten).
- Kommunalschuldverschreibungen werden nur für Kredite an Länder und Gemeinden verwendet.

Die vertragswidrige Erfüllung des Kaufvertrages

Nennen Sie Unregelmäßigkeiten bei der Erfüllung des Kaufvertrages, die a) durch den Verkäufer, b) durch den Käufer verursacht werden!

a) Durch den Verkäufer verursachte Unregelmäßigkeiten sind u. a.:
  - mangelhafte Lieferung;
  - Lieferverzug.

b) Durch den Käufer verursachte Unregelmäßigkeiten sind u. a.:
  - Annahmeverzug;
  - Abrufs(Spezifikations)verzug;
  - Zahlungsverzug.

Wann spricht man bei einer Lieferung von mangelhaften Waren?

Von einer Lieferung mangelhafter Waren spricht man, wenn die Bedingungen des Kaufvertrages nicht eingehalten werden, d. h.:

Die Lieferung
  - von schlechter bzw. falscher Qualität;
  - mengenmäßig falsch;
  - in der Verpackung nicht vertragskonform ist.

Unterscheiden Sie die Mängel nach jenen Gesichtspunkten, die für die Beurteilung von Bedeutung sind!

Mängel können nach der Erkennbarkeit beurteilt werden:
  - *offene Mängel;*
  - *geheime Mängel:*
    - nicht arglistig verschwiegen;
    - arglistig verschwiegen.

Wann spricht man von offenen und wann von geheimen Mängeln? Beschreiben Sie die Rechtssituation!

Offene Mängel sind bei zumutbarer Prüfung erkennbar, sie sind sofort zu reklamieren, wie z. B. zerbrochene oder zerkratzte Teile, falsche Qualität bzw. Quantität.

Geheime Mängel sind bei zumutbarer Untersuchung nicht sofort feststellbar, wie z. B. mangelnde Farbechtheit, mangelnde Festigkeit usw.

Nennen Sie die Gewährleistungsfristen bei geheimen Mängel!

Die Gewährleistungsfristen sind grundsätzlich:

- für *bewegliche Sachen* (Dienstleistungen) 2 Jahre,
- für *unbewegliche Sachen* (Dienstleistungen) 3 Jahre,
- für *arglistig verschiedene Mängel* 30 Jahre.

Was versteht man unter Beweislastumkehr?

Innerhalb der ersten 6 Monate muss der Verkäufer beweisen, dass die Ware bei Übergabe mangelfrei war, danach muss der Käufer nachweisen, dass die Ware bei Übergabe mangelhaft war.

Welche Möglichkeiten hat der Verkäufer, einen Mangel zu beseitigen?

- *Primäre Gewährleistungsbehelfe* wie z. B. Verbesserung (Reparatur, Nachlieferung ...), Austausch.
  Ist dieser Rechtsbehelf nicht möglich bzw. zumutbar, so kann der Kunde die sekundären Gewährleistungbehelfe verlangen.
- *Sekundäre Gewährleistungsbehelfe:* z. B. Preisminderung oder Wandlung (Vertragsrücktritt).

Was versteht man unter „Garantie"?

Garantie ist die vertraglich zugesicherte Zusage des Verkäufers für Mängel über die gesetzliche Gewährleistung hinaus zu haften.

Was regelt das Produkthaftungsgesetz?

Ziel dieses Gesetzes ist der umfassende Schutz der Verbraucher vor gefährlichen Produkten.

Welche Sicherheit bietet das Produkthaftungsgesetz dem Konsumenten?

Gehaftet wird für Folgen, die sich aus dem Gebrauch von fehlerhaften Produkten ergeben.

Haftbar sind der Hersteller (bei inländischen Produkten), der Importeur bzw. der Händler, der dem Geschädigten den Importeur nicht nennt.

Was versteht man unter „Lieferverzug"?

Lieferverzug bedeutet, dass der Verkäufer die Ware nicht zum vereinbarten Termin an den Käufer übergibt.

Wann gerät der Verkäufer in Lieferverzug?

- bei *Fixgeschäften*: sofort bei Überschreiten des Liefertermines;
- bei *Nichtfixgeschäften:* nach Ablauf einer vom Käufer gesetzten angemessenen Nachfrist.

Beschreiben Sie die Rechte des Käufers bei Lieferverzug!

Der Käufer kann:

- nachträgliche Lieferung verlangen;
- vom Kaufvertrag zurücktreten;
- Schadenersatz verlangen (bei nachweisbar entstandenem Schaden).

Was ist eine Konventionalstrafe (Vertragsstrafe, Pönale)?

Unter einer Konventionalstrafe (Vertragsstrafe, Pönale) versteht man einen Passus im Kaufvertrag, der besagt, wie viel der Lieferant bei verspäteter Lieferung bezahlen muss.

Was versteht man unter einem Deckungskauf?

Ein Deckungskauf liegt vor, wenn der Käufer die Ware bei einem anderen Lieferanten bezieht, weil sein Lieferant in Lieferverzug geraten ist. Eventuelle Mehrkosten, die durch einen Deckungskauf entstehen, kann der Käufer vom Lieferanten fordern.

Was bedeutet „Annahmeverzug"?

Annahmeverzug heißt, dass der Käufer die vom Verkäufer zum richtigen Termin und am richtigen Ort gelieferte, richtige Ware nicht annimmt.

Welche rechtlichen Möglichkeiten hat der Verkäufer bei Annahmeverzug?

- *Hinterlegungsrecht:* Der Verkäufer kann die Ware auf Gefahr und Kosten des Käufers in einem öffentlichen Lagerhaus oder sonst in sicherer Weise hinterlegen.

- *Selbsthilfeverkauf:* Der Verkäufer kann die Ware öffentlich auf Kosten und Rechnung des Kunden, versteigern lassen, muss diese Maßnahme dem Kunden jedoch vorher ankündigen. Käufer und Verkäufer dürfen bei der Versteigerung mitbieten.
- *Rücktrittsrecht:* Der Verkäufer kann vom Kaufvertrag zurücktreten.

Wann gerät der Käufer in Zahlungsverzug?

In Zahlungsverzug gerät der Käufer, wenn er zu einem fixen Zahlungstermin noch nicht bezahlt hat. Ist der Zahlungstermin in einem Vertrag nicht fix festgelegt, so gerät der Schuldner erst nach dem Ablauf der im Mahnschreiben gesetzten Nachfrist in Zahlungsverzug.

Welche Kosten kann der Verkäufer dem in Zahlungsverzug geratenen Käufer verrechnen?

Grundsätzlich hat der in Zahlungsverzug geratene Käufer für alle Kosten, Spesen usw., die durch den Zahlungsverzug entstanden sind, aufzukommen.

Weiters kann der Verkäufer Verzugszinsen berechnen.

Beschreiben Sie die Schritte des Mahnungsablaufes!

- *1. Mahnung* ... Erinnerungsschreiben (ohne Fristsetzung)
- *2. Mahnung* ... Mahnung mit Fristsetzung
- *3. Mahnung* ... letzte Fristsetzung mit Androhung von Folgen bei Nichteinhaltung
- *Postauftrag* bzw. *Einschaltung eines Inkassobüros*
- *Einschaltung eines Rechtsanwaltes*
- *Gerichtliches Mahnverfahren*

Rein rechtlich sind aber nur zwei Schritte notwendig:
Fristsetzung und *Klage*, d. h. weder die dreimalige Mahnung noch eine Androhung von Rechtsfolgen ist nötig.

Beschreiben Sie die gerichtliche Regelung des Zahlungsverzuges (gerichtliches Mahnverfahren)!

- **Forderung unter EUR 10.000,– (kein Anwaltszwang)**

  Mahngesuch: Antrag des Gläubigers an das Bezirksgericht auf Erlassung eines Zahlungsbefehles.

  Inhalt des Zahlungsbefehles: Aufforderung zur Begleichung der Schuld (einschließlich Gebühren und Gerichtskosten) innerhalb von 14 Tagen.

Handlungsmöglichkeiten des Schuldners:
- *Er zahlt* ... das Verfahren ist abgeschlossen.
- *Er zahlt nicht* ... der Zahlungsbefehl wird rechtskräftig (Exekution).
- *Er erhebt Widerspruch* ... der Zahlungsbefehl tritt außer Kraft, der Gläubiger kann das ordentliche Verfahren einleiten.

- **Forderung über EUR 10.000,–**
  Es wird die Klage beim Gerichtshof 1. Instanz (Landes- oder Kreisgericht) eingebracht. Bei der Gerichtsverhandlung kommt es entweder zu einem Vergleich oder der Richter fällt ein Urteil.

Der Kredit

Beschreiben Sie die Geschäftstätigkeiten der Kreditinstitute!

- *Einlagengeschäft* (Passivgeschäft): z. B. Spareinlagen, Giroeinlagen;
- *Kreditgeschäft* (Aktivgeschäft): z. B. Kontokorrentkredite, Hypothekarkredite;
- *Dienstleistungsgeschäfte:* z. B. An- und Verkauf von Valuten und Devisen, Wertpapieren.

Nennen Sie Kreditarten und ihre Unterscheidungsmerkmale!

Kreditgeschäfte können eingeteilt werden nach:
- der *Sicherstellung:*
  - Personalkredite: z. B. Blankokredite, Bürgschaftskredite;
  - Realkredite: z. B. Hypothekarkredite, Lombardkredite.
- der *Laufzeit:*
  - kurzfristige Kredite;
  - mittelfristige Kredite;
  - langfristige Kredite.
- der *Inanspruchnahme:*
  - einmalige Inanspruchnahme: z. B. Darlehen,
  - mehrmalige Inanspruchnahme: z. B. Kontokorrentkredit.
- der *Verwendung:*
  - Investitionskredite;
  - Betriebsmittelkredite;
  - Konsumkredite;
  - Überbrückungskredite.

Beschreiben Sie den Unterschied zwischen Darlehen und Kontokorrentkredit!

Darlehen sind Kredite, die nur einmal in Anspruch genommen werden und in Raten oder auf einmal am Ende der Laufzeit zurückgezahlt werden.

Beim *Kontokorrentkredit* („Kredit in laufender Rechnung") wird ein Kreditrahmen vereinbart. Innerhalb des Kreditrahmens können laufend Beträge ausbezahlt und zurückgezahlt werden.

Unterscheiden Sie kurz-, mittel- und langfristige Kredite!

- *Kurzfristige Kredite* haben eine Laufzeit bis ca. 1 Jahr,
- *mittelfristige Kredite* haben eine Laufzeit von etwa 1–5 Jahren,
- *langfristige Kredite* haben eine Laufzeit von über 5 Jahren.

Erklären Sie die Begriffe Investitions-, Betriebsmittel-, Überbrückungs- und Konsumkredit!

- *Investitionskredite* dienen zur Beschaffung von betrieblichem Anlagevermögen.
- *Betriebsmittelkredite* dienen zur Beschaffung von Umlaufvermögen (z. B. zur Beschaffung von Roh-, Hilfs- und Betriebsstoffen).
- *Überbrückungskredite* dienen zur Überbrückung kurzer finanzieller Engpässe.
- *Konsumkredite* sind Kredite an private Haushalte.

Beschreiben Sie die Möglichkeit zur Sicherstellung von Krediten!

Kredite können durch Personen oder durch Güter (bewegliche und unbewegliche) abgesichert werden.

- Der *Personalkredit* wird im Vertrauen auf die Person des Schuldners gewährt. Die Sicherstellung von Personalkrediten kann erweitert werden, z. B. durch Bürgschaften, Forderungsabtretungen, Wechsel.
- Der *Realkredit* wird durch bewegliche Güter (Lombardkredit) oder durch unbewegliche Güter (Hypothekarkredit) abgesichert.

  Zur Sicherstellung des Lombard(Faustpfand)kredites dienen z. B. Wertpapiere, Waren, Maschinen.

  Zur Sicherstellung des Hypothekarkredites dienen z. B. Grundstücke, Gebäude (Eintragung in das Grundbuch).

Nennen und erklären Sie die Kreditrisiken für den Kreditgeber!

- *Dubiosenrisiko:* ist das Risiko, dass der Kredit nicht zurückgezahlt wird.
- *Geldwertrisiko:* ist das Risiko durch Geldentwertung (Inflation).
- *Kursrisiko:* ist das Risiko, dass sich der Kurs eines in fremder Währung gegebenen Kredites verändert.
- *Risiko der Veränderung des Zinsfußes* (steigender Zinsfuß).

Welche Aufgabe erfüllt die Kreditprüfung?

Die Kreditprüfung soll das Dubiosenrisiko vermindern.

Nennen Sie Unterlagen, die als Beilagen zu Kreditanträgen verlangt werden können!

Bilanz, Aufstellungen über das Vermögen, Grundbuchauszüge, Aufstellungen über sonstige Kredite (samt Rückzahlungsplänen), Adressen von Bürgen, Angaben über Umsatzentwicklung und Auftragsstand usw.

Welche Auskünfte (z B. eingeholt durch Auskunfteien, Geschäftsfreunde) könnten für den Kreditgeber von besonderem Interesse sein?

- Welchen Ruf hat der Kreditwerber der Branche?
- Zahlt er seine Verbindlichkeiten pünktlich?
- Ist seine Geschäftsführung korrekt, initiativ?
- Hat er seine Bankkredite pünktlich und regelmäßig bezahlt?
- Sind seine Geschäftsfreunde seriös?

Wofür werden Kreditkosten verrechnet?

- *Kreditbeschaffungskosten* (z. B. Auskunftsgebühr, Zuteilungsprovision) sind einmalige Zahlungen.
- *Laufende Kosten:*
  - Zinsen: sie werden meist in Prozentsätzen p. a. (pro Jahr) bzw. p. m. (pro Monat) angegeben und abgerechnet.
  - Provisionen: z. B. Überziehungsprovision, Bereitstellungsprovision.
  - Gebühren: z. B. Manipulationsgebühren für die Kontoführung.

Was versteht man unter „Leasing" und welche wirtschaftliche Bedeutung hat diese Kreditform?

Unter Leasing versteht man die langfristige Vermietung von Investitionsgütern und langlebigen Konsumgütern durch eigene Leasinggesellschaften.

Vorteile des Leasings sind u. a.:

* die Kreditsituation des Betriebes wird durch die Neuanschaffung nicht verschlechtert;
* die Bilanz wird nicht durch zusätzliche Verbindlichkeiten belastet;
* die Kosten sind von der Steuer absetzbare Aufwände.

Ein Kunde will einen Kredit bei einem Kreditinstitut in Anspruch nehmen. Beschreiben Sie den Ablauf dieses Geschäftes!

1 *Kreditansuchen:* Der Kunde füllt das vom Kreditinstitut zur Verfügung gestellte Formular aus und reicht es beim Kreditinstitut ein.

2. *Prüfung der Kreditwürdigkeit* durch das Kreditinstitut.

3. *Kreditvertrag:* Wird der Kredit gewährt, so sendet das Kreditinstitut dem Kunden den Kreditvertrag in zweifacher Ausfertigung zur Unterschrift zu. Nach Rücksendung des unterschriebenen Vertragsdoppels ist der Vertrag abgeschlossen, der Kunde kann über den Kredit verfügen.

Ein Kunde sucht bei einem Lieferanten erstmalig um einen Lieferantenkredit an. Welche Schritte könnte der Lieferant unternehmen, um das Kreditrisiko zu minimieren?

Um das Kreditrisiko zu minimieren, könnte der Lieferant:

* vom Kunden *Referenzen, Bürgen, dingliche Sicherung* (z. B Wechsel) usw. verlangen;
* *Erkundungsbriefe* an Geschäftsfreunde, Banken usw. versenden;
* *Auskunfteien einschalten* (gewerbliche Auskunfteien, Kreditschutzvereine).

Erklären Sie den Begriff „Bonität"!

Unter Bonität versteht man die Zahlungsfähigkeit eines Kunden (bzw. dessen Kreditwürdigkeit; lat. bonitas = Güte).

Nennen Sie Maßnahmen, die das Lieferanten-Kreditrisiko verkleinern!

- *Gewissenhafte Prüfung der Kreditwürdigkeit.*
- *Laufende Kontrolle der fälligen Forderungen.*
- *Verlangen von Sicherstellungen* (Bürgen, dingliche Sicherungen).

Sie geben einem Geschäftsfreund eine Gefälligkeitsauskunft. Haften Sie für diese Auskunft?

Für eine Gefälligkeitsauskunft haftet man, wenn sie vorsätzlich falsch gemacht wird und dies beweisbar ist.

Das Versicherungswesen

Erklären Sie den Begriff „Risiko"!

Der Mensch ist einer Vielzahl von Gefahren ausgesetzt. Die Möglichkeit, einen Schaden zu erleiden, bezeichnet man als Risiko.

Was versteht man allgemein unter einer Versicherung? Nennen Sie Merkmale einer Versicherung!

Versicherungsunternehmen übernehmen die Risiken des Versicherten gegen Zahlung einer Prämie. Im Schadensfall zahlt die Versicherung die Versicherungssumme bzw. Teile davon an den Versicherten aus.

Merkmale einer Versicherung sind z. B.:

- Das Bestehen einer Gefahrengemeinschaft.
- Versicherbare Risiken müssen abschätzbar sein.
- Versicherungen arbeiten nach dem Gesetz der Großen Zahl.

Nennen Sie Unterscheidungsmerkmale der Sozial- und der Individualversicherungen!

Die *Sozialversicherung* verfolgt in erster Linie soziale Ziele.

- Sozialversicherungen sind Körperschaften des öffentlichen Rechts (z. B. Krankenkassen).
- Sie sind Pflichtversicherungen (Ausnahme: freiwillige Weiterversicherung).
- Beim Beitrag werden soziale Umstände berücksichtigt.
- Rechtsgrundlage bilden die Sozialversicherungsgesetze.

Die *Individualversicherung* dient zur Absicherung individueller Interessen.
- Individualversicherungen sind private Unternehmen.
- Der Beitritt erfolgt freiwillig durch einen individuellen Vertrag.
- Die Prämie wird nach der Höhe des Risikos bestimmt.
- Die Rechtsgrundlage bildet das Privatrecht.

In welche Sparten können Versicherungsleistungen eingeteilt werden?
- *Personenversicherungen*, wie z. B. Unfall-, Lebens-, Krankenversicherungen.
- *Vermögensversicherungen*, wie z. B. Feuerversicherung, Einbruchs- und Diebstahlsversicherung, Haftpflichtversicherung.

Welche Versicherungsarten sind unter dem Begriff Sozialversicherung zusammengefasst?
Zur Sozialversicherung zählen die Kranken-, Pensions-, Unfall- und Arbeitslosenversicherung sowie die Konkursversicherung der Arbeitnehmer und die Versicherung zur Entgeltfortzahlung im Krankheitsfall.

Nennen und beschreiben Sie einige (Individual-)Vermögensversicherungsarten!
Vermögensversicherungen sind z. B.:
- *Feuerversicherung* – Die Versicherung haftet bei Schaden durch Brand, Explosion, Blitzschlag usw.
- *Maschinenbruchversicherung* – Die Versicherung haftet bei Beschädigung bzw. Zerstörung von Maschinen, Apparaten usw.
- *Transportversicherung* – Die Versicherung deckt das Risiko sowohl für Güter (Kargoversicherung) als auch für das Beförderungsmittel (Kaskoversicherung) ab.
- *Kreditversicherung* – Versichert werden Warenkredite im Inland, Exportkredite und Finanzkredite.
- *Allgemeine Haftpflichtversicherung* – Versichert werden Schäden, für die der Versicherte zur Wiedergutmachung verpflichtet ist.
- *Kraftfahrzeug-Haftpflichtversicherung* – Pflichtversicherung, die Schäden, die anderen Fahrzeugen zugefügt werden, abdeckt.
- *Weitere Vermögensversicherungen* sind u. a. Elementarversicherung, Versicherung gegen Ertragsentgang, Glasbruchversicherung, Bündelversicherung (verschiedene Versicherungsarten werden zusammengefasst).

Nennen und beschreiben Sie einige (Individual-)Personenversicherungsarten!

Personenversicherungsarten sind z. B.:

- *Lebensversicherung*
- *Krankenversicherung*
- *Unfallversicherung*
- *Weitere Personenversicherungen* sind u. a. Kfz-Insassen-Unfallversicherung, Luftfahrt-Unfallversicherung.

Beschreiben Sie die Abwicklung eines Versicherungsfalles!

1. *Schadensmeldung* mit
   - Hinweis auf den Versicherungsvertrag (Polizzennummer, Versicherungsart),
   - Beschreibung des Schadens,
   - Bekanntgabe der Forderung,
   - Bitte um Sachverständigenbesuch (speziell bei größeren Schäden),
   - eventuellen Beilagen, wie Fotos, Skizzen usw.
2. *Bearbeitung des Schadensfalles durch die Versicherung*
3. *Abfindungserklärung:* Der Versicherte verzichtet nach Erhalt der Versicherungssumme auf weitere Forderungen aus dem Versicherungsfall.

Was ist eine Versicherungspolizze?

Eine Versicherungspolizze ist der Versicherungsvertrag zwischen Versicherungsgesellschaft und dem Versicherten.

Inhalt: Versicherungssumme, Prämienhöhe und -fälligkeit, Laufzeit und Umfang der Haftung. Abschlussdatum, allgemeine Versicherungsbedingungen usw.

Der Kaufmannsbegriff

Wer ist nach dem Handelsrecht Kaufmann?

Kaufmann ist nach dem Handelsrecht,

- wer ein Grundhandelsgewerbe betreibt;
- wer ein Unternehmen betreibt, das nach Art und Umfang einen kaufmännisch eingerichteten Geschäftsbetrieb erfordert und im Firmenbuch eingetragen ist;
- jede Handelsgesellschaft.

Was zählt nach HGB (§ 1) zu den Grundhandelsgewerben?

- Handel mit Waren oder Wertpapieren (Groß- und Einzelhandel)
- Fabriksmäßige Be- und Verarbeitung von Waren
- Versicherung gegen Prämie
- Bank- und Geldwechselgeschäfte
- Transportbetriebe
- Kommissionäre, Spediteure, Lagerhalter
- Handelsvertreter und Handelsmakler
- Verlagsgeschäfte, Buch- und Kunsthandel
- Druckereien, die über den Umfang des Handwerks hinausgehen.

Welche Arten von Kaufleuten kennt das HGB und wie unterscheiden sich diese?

Das HGB kennt:

- *Ist-(Muss-)Kaufleute* – jene Kaufleute, die ein Grundhandelsgewerbe betreiben.

- *Sollkaufleute* – jene Kaufleute, die zwar kein Grundhandelsgewerbe betreiben, dessen Unternehmen jedoch nach Art und Umfang einen kaufmännisch eingerichteten Betrieb erfordert. Sie sind verpflichtet, sich in das Firmenbuch eintragen zu lassen.

- *Kannkaufleute* – jene Kaufleute, die ein land- und forstwirtschaftliches Nebengewerbe betreiben, das über den Umfang eines Kleingewerbes hinausgeht. Nach Eintragung in das Firmenbuch erwerben sie Kaufmannseigenschaft für den gewerblichen Nebenbetrieb.

- *Formkaufleute* – jene Kaufleute, die die Kaufmannseigenschaft kraft der Rechtsform der Unternehmung erwerben (z. B. Aktiengesellschaft, Gesellschaft mit beschränkter Haftung).
- *Vollkaufleute* – jene Kaufleute, deren Betrieb den Umfang eines Kleingewerbes überschreitet (Ausnahme: Kapitalgesellschaften immer).
- *Minderkaufleute* – jene Kaufleute, die ein Grundhandelsgewerbe betreiben, deren Betrieb jedoch den Umfang eines Kleingewerbes nicht überschreitet.

Welche Rechte und Pflichten hat ein Vollkaufmann?

Rechte und Pflichten eines Vollkaufmannes sind u. a.
- Führung einer Firma,
- Eintragung der Firma in das Firmenbuch,
- Ernennung von Prokuristen,
- Führung einer ordnungsgemäßen Buchführung.

Die Firma

Wie ist im HGB der Begriff „Firma" definiert?

Die Firma ist der Name, unter dem ein Vollkaufmann ein Handelsgeschäft betreibt und die Unterschrift abgibt. Der Kaufmann kann unter seiner Firma klagen und verklagt werden.

Nennen und erklären Sie wichtige Grundsätze des Firmenrechts!

- *Grundsatz der Firmenwahrheit:*
  Der Firmenwortlaut muss so beschaffen sein, dass er keine Täuschung über Form, Art und Umfang des Geschäftes und der Verhältnisse des Inhabers zulässt.
- *Grundsatz der Firmenausschließlichkeit:*
  Jede neue Firma muss sich von bereits bestehenden Firmen (insbesonders am selben Ort bzw. in derselben Gemeinde) deutlich unterscheiden.
- *Grundsatz der Unübertragbarkeit der Firma:*
  Eine Übertragung der Firma ohne das Handelsgeschäft, für das sie geführt wird, ist nicht möglich.

- *Grundsatz der Firmenöffentlichkeit:*
  Die Firma (und Änderungen im Firmenwortlaut) muss im Firmenbuch eingetragen werden. Anschließend werden diese Eintragungen veröffentlicht (z. B. im Amtsblatt der Wiener Zeitung).
- *Grundsatz der Firmeneinheit:*
  Ein Unternehmen darf nur eine Firma führen. Dies gilt auch für Filialen, die aber durch einen Zusatz gekennzeichnet werden können.

Welche Arten von Firmen kennen Sie?

- *Namensfirma:* Sie besteht aus dem Familiennamen und mindestens einem ausgeschriebenen Vornamen. Sie ist für Einzelunternehmungen vorgeschrieben.
- *Personenfirma:* Sie besteht aus einem oder mehreren Familiennamen mit abgekürzten oder ohne Vornamen. Sie kommt besonders bei Personengesellschaften vor, wobei zu beachten ist, dass ein Zusatz für die Gesellschaftsform nötig ist, z. B. OHG, KG, & Co, & Söhne.
- *Sachfirma:* Sie wird vom Gegenstand des Unternehmens abgeleitet und wird vor allem für Aktiengesellschaften verwendet. Für Genossenschaften ist sie zwingend vorgeschrieben.
- *Gemischte Firma:* Sie enthält Gegenstand und Namen.

Unterscheiden Sie zwischen ursprünglicher und abgeleiteter Firma!

- *Ursprüngliche Firma:*
  Die Bezeichnung entspricht den tatsächlichen Besitzverhältnissen.
- *Abgeleitete Firma:*
  Die Firmenbezeichnung entspricht nicht mehr den tatsächlichen Besitzverhältnissen, z. B. bei Umwandlung eines Unternehmens in eine andere Gesellschaftsform, bei Verkauf eines Unternehmens.

Was versteht man unter Firmenwert (Goodwill)?

Der Firmenwert ist der über das Sachvermögen hinausgehende ideelle Wert eines Unternehmens, der seine Ursache nicht nur im guten Ruf sondern u. a. auch im Kundenstock, in der Stellung am Arbeitsmarkt, in der Betriebsorganisation usw. hat.

Das Firmenbuch

Beschreiben Sie das Firmenbuch!
Das Firmenbuch ist ein öffentliches Verzeichnis der Vollkaufleute, der Genossenschaften und der Erwerbsgesellschaften.

Welche Unternehmen werden nicht eingetragen?
Nicht eingetragen werden:
- *Minderkaufleute*
- *Gesellschaften bürgerlichen Rechts*

Wo wird das Firmenbuch geführt?
- Beim *Landes-(Kreis-)Gericht*
- In Wien beim *Handelsgericht*

Welche Daten kann man dem Firmenbuch entnehmen?
- Firma, Adresse, Gegenstand des Unternehmens
- Geschäftsinhaber
- Haftende Gesellschafter
- Vorstand (bei Kapitalgesellschaften)
- Prokura

Was versteht man unter Öffentlichkeit der Eintragung?
- Eintragungen und Löschungen werden verlautbart (Amtsblatt der Wiener Zeitung).
- Das Firmenbuch kann von jedem eingesehen werden.

Der Kaufmann und seine Mitarbeiter

Welche Vollmachten kann ein Unternehmer seinen Mitarbeitern laut HGB erteilen?
- *Prokura*
- *Handlungsvollmacht* (Generalvollmacht, Artvollmacht, Spezialvollmacht)

Erklären Sie den Begriff Prokura!

Als Prokura bezeichnet man die handelsrechtliche Vollmacht, die alle Geschäfte, die der Betrieb eines Handelsgewerbes erfordert, umfasst.
Die Prokura ist vom Inhaber des Handelsgewerbes (Vollkaufmann) im Firmenbuch eintragen zu lassen.

Welche Geschäfte und Handlungen liegen außerhalb der Vollmacht eines Prokuristen?

* Verkauf bzw. Auflösung der Unternehmung.
* Verkauf bzw. Belastung von Grundstücken.
* Erteilung bzw. Übertragung der Prokura.
* Unterschreiben der Inventur bzw. der Bilanz.
* Unterschreiben von Anmeldungen für Eintragungen in das Firmenbuch.

Nennen und beschreiben Sie verschiedene Arten der Prokura!

* *Einzelprokura:* Der Prokurist ist zur alleinigen Vertretung der Unternehmung berechtigt.
* *Gesamtprokura:* Zeichnungsberechtigt ist der Prokurist nur mit einem zweiten oder mehreren Prokuristen zusammen.
* *Gemischte Prokura:* Zeichnungsberechtigt ist der Prokurist nur zusammen mit einem Gesellschafter (oder Vorstandsmitglied).
* *Filialprokura:* Zeichnungsberechtigt ist der Prokurist nur für eine bestimmte Filiale (Niederlassung).

Wie erkennt man an der Zeichnung einen Prokuristen?

Der Prokurist unterschreibt mit einem Zusatz (ppa = per procura), der auf die Prokura hinweist. Bei einer Gesamtprokura muss jeder Prokurist unterschreiben.

Was ist eine Handlungsvollmacht und welchen Umfang hat sie?

Die Handlungsvollmacht berechtigt zur Vertretung für Geschäfte bzw. Handlungen in einem bestimmten Handelsgewerbe.
Handlungsvollmachten berechtigen nicht:

* zu Geschäften (Handlungen), die auch Prokuristen untersagt sind;
* zur Aufnahme von Darlehen und Krediten;
* zur Übernahme von Wechselverbindlichkeiten;
* zur Vertretung der Unternehmung vor Gericht;
* zur Übertragung der Vollmacht.

Welche Arten von Handlungsvollmachten kennen Sie und wie unterscheiden sie sich?

- *General-(Gesamt-)Vollmacht:* Sie ermächtigt zur Erledigung aller Geschäfte (Handlungen), die der Handelsbetrieb gewöhnlich mit sich bringt (z. B. Geschäftsführer).
- *Artvollmacht:* Sie ermächtigt zur Erledigung einer bestimmten Art von Geschäften (Handlungen), z. B. Kassier.
- *Spezialvollmacht:* Sie ermächtigt zur Erledigung eines einzelnen, ganz genau bestimmten Geschäftes (Handlung), z. B. Inkasso eines bestimmten Rechnungsbetrages.

Wie wird eine Handlungsvollmacht erteilt?

Die Handlungsvollmacht kann mündlich, schriftlich oder stillschweigend durch Voll- oder Minderkaufleute, Prokuristen oder dazu ermächtigte Handlungsbevollmächtigte erteilt werden. Die Erteilung der Handlungsvollmacht ist also formlos und an keine Eintragung in das Firmenbuch gebunden.

Wie erkennt man an der Zeichnung, dass es sich um einen Handlungsbevollmächtigten handelt?

Der Handlungsbevollmächtigte setzt neben seine Unterschrift Zusätze, wie z. B. i. V. (in Vollmacht), i. A. (im Auftrag).

Nennen Sie Merkmale des Angestellten!

Merkmale des Angestellten sind:

- unselbstständige Beschäftigung (Dienstverhältnis),
- im kaufmännischen Dienst tätig oder im höheren nicht kaufmännischen Dienst tätig oder mit Kanzleiarbeit beschäftigt.

Durch den Dienstvertrag kann ein Angestelltenverhältnis auch bei Ausübung einer anderen Tätigkeit ausdrücklich vereinbart werden. Rechtsgrundlage ist das Angestelltengesetz.

Nennen Sie Rechte und Pflichten eines Angestellten!

- *Rechte des Angestellten* sind u. a. das Recht auf Gehalt und Sonderzahlungen, das Recht auf Urlaub, das Recht auf Ausstellung eines schriftlichen Zeugnisses, das Recht auf Abfertigung.
- *Pflichten des Angestellten* sind u. a. die Pflicht zur persönlichen Arbeitsleistung, die Treue- und Schweigepflicht, das Konkurrenzverbot.

Beachten Sie:

Das *Konkurrenzverbot* verbietet eine selbstständige kaufmännische Tätigkeit in derselben Branche ohne Zustimmung des Arbeitgebers bei bestehendem Arbeitsverhältnis.

Die *Konkurrenzklausel* ist eine vertragliche Vereinbarung, die vor allem für leitende Angestellte eine Beschäftigung in derselben Branche für max. ein Jahr nach der Beendigung des Dienstverhältnisses verbieten kann.

Wer ist nach dem Arbeitsrecht „Arbeiter"?

Da der Arbeiter nicht durch eigene Gesetze definiert wird, sind alle jene unselbstständigen Beschäftigten, die nicht durch besondere Bestimmungen als Angestellte, Beamte usw. zu bezeichnen sind, Arbeiter.

Was versteht man unter einem Lehrverhältnis?

Das Lehrverhältnis ist dem Arbeitsverhältnis ähnlich, wobei aber die fachliche Ausbildung (im Betrieb und in der Berufsschule = duales Ausbildungssystem) im Vordergrund steht. Unterschieden werden gewerbliche und kaufmännische Lehrlinge. Begründet wird das Lehrverhältnis durch den Lehrvertrag, der u. a. die Rechte und Pflichten des Lehrlings und des Lehrherrn enthält.

Definieren Sie den Begriff „Handelsvertreter"!

Der Handelsvertreter ist ein selbstständiger Gewerbetreibender, der im Namen und auf Rechnung anderer Unternehmen Geschäfte vermittelt oder abschließt. Da er selbstständig ist, bezieht er kein Gehalt, sondern Spesenersatz und Provision.

Welche Arten von Handelsvertretern gibt es und wie unterscheiden sich diese?

- *Vermittlungsvertreter:* Er vermittelt Geschäfte zwischen dem Vertragspartner und anderen Unternehmen.
- *Abschlussvertreter:* Es ist berechtigt, im Namen des Vertragspartners mit anderen Unternehmen Geschäfte abzuschließen.
- *Generalvertreter:* Sein Vertretungsbereich bezieht sich auf ein größeres Gebiet (z. B. Österreich).
- *Gebietsvertreter:* Sein Vertretungsbereich ist auf ein bestimmtes Gebiet (z. B. Bundesland) als alleiniger Vertreter beschränkt.
- *Subvertreter:* Er ist ein vom Gebietsvertreter für ein kleineres Gebiet bestellter Vertreter.

Nennen Sie Pflichten der Handelsvertreter!

- *Sorgfaltspflicht:*
  Der Handelsvertreter hat die Geschäfte mit der Sorgfalt eines ordentlichen Kaufmannes zu führen.
- *Benachrichtigungspflicht:*
  Der Handelsvertreter hat den Geschäftsherrn zu informieren, z. B. über Abschlüsse, Konkurrenz, Marktsituation.
- *Befolgungspflicht:*
  Die vom Geschäftsherrn vorgeschriebenen Preise müssen eingehalten werden.
- *Pflicht zur persönlichen Dienstleistung:*
  Die Bestellung von Subvertretern erfordert die Zustimmung des Geschäftsherrn.

Nennen Sie Rechte der Handelsvertreter!

- *Recht auf Provision:*
  Der Handelsvertreter hat für die in seinem Geschäftsbereich abgeschlossenen Geschäfte Anspruch auf Provision.
- *Recht auf Spesenersatz:*
  Ersatz z. B. für Postgebühren, Frachtkosten, Lagergebühren.
- *Anspruch auf erforderliche Unterlagen:*
  Anspruch z. B. auf Werbematerial, Preislisten, Muster, Proben.
- *Recht auf Überprüfung der Provisionsansprüche:*
  Einsichtsrecht in die Bücher bzw. Recht auf Zusendung eines Auszuges aus den Geschäftsbüchern, soweit es zur Prüfung der Provisionsabrechnung notwendig ist.

Definieren Sie den Begriff „Kommissionär"!

Kommissionär ist, wer es gewerbsmäßig übernimmt, im eigenen Namen und für fremde Rechnung Waren oder Wertpapiere zu kaufen oder zu verkaufen.

Wie werden die Kommissionsgeschäfte eingeteilt?

Man teilt Kommissionsgeschäfte ein in
- *Einkaufs-* und *Verkaufskommission,*
- *Einzelauftragskommission* und *Dauerauftragskommission,*
- *Waren-* und *Wertpapierkommission.*

Beschreiben Sie den Ablauf eines Verkaufskommissionsgeschäftes!

- Abschluss des Kommissionsvertrages zwischen Auftraggeber (Kommittent) und Kommissionär (= Verkäufer).
- Einrichtung des Kommissionslagers (Konsignationslagers) beim Kommissionär durch den Kommittenten.
- Verkauf der Ware durch den Kommissionär im eigenen Namen.
- Abrechnung des Kommissionärs, Überweisung des Abrechnungsbetrages (Verkaufserlös abzüglich Provision, Spesen) an den Kommittenten.

Beschreiben Sie den Ablauf eines Einkaufskommissionsgeschäftes!

- Abschluss eines Kommissionsvertrages zwischen Auftraggeber (Kommittent) und Kommissionär (= Einkäufer).
- Kauf der Ware und Weiterleitung an den Kommittenten.
- Abrechnung des Kommissionärs. Der Abrechnungsbetrag setzt sich zusammen aus dem Einkaufspreis zuzüglich Provision und Spesen.
- Überweisung des Abrechnungsbetrages durch den Kommittenten an den Kommissionär.

Nennen und beschreiben Sie Pflichten des Kommissionärs!

- Sorgfaltspflicht: Der Kommissionär hat die Geschäfte mit der Sorgfalt eines ordentlichen Kaufmannes abzuwickeln.
- Befolgungspflicht: Der Kommissionär ist an die Weisungen des Kommittenten gebunden.
- Benachrichtigungspflicht: Wenn nicht anders vereinbart, ist der Kommittent von jedem Verkauf (Kauf) sofort zu verständigen.
- Abrechnungspflicht: Vertragsgemäß hat der Kommissionär zum vereinbarten Zeitpunkt Verkäufe (Käufe) abzurechnen.
- Haftung für den Zahlungseingang: wenn dies vertraglich ausdrücklich vereinbart ist.

Nennen Sie Rechte des Kommissionärs!

- *Recht auf Provision:* Die Provision wird meist von den tatsächlich erzielten Preisen berechnet. Haftet der Kommissionär für den Zahlungseingang, steht ihm eine Delkredereprovision zu.
- *Recht auf Ersatz der Aufwendungen:* Der Kommissionär hat Anspruch auf Spesen, wie z. B. Zoll, Fracht, Postgebühren, Lagerkosten, Versicherungskosten.
- *Pfandrecht:* Der Kommissionär hat das gesetzliche Pfandrecht an der Kommissionsware für Forderungen an den Kommittenten aus den Kommissionsgeschäften.
- *Selbsteintrittsrecht:* Bei Bestehen eines Börsen- bzw. Marktpreises kann der Kommissionär die Ware selbst kaufen.

Definieren Sie den Begriff „Handelsmakler" (Sensal)!

Ein Handelsmakler (Sensal) ist ein selbstständiger Kaufmann, der gewerbsmäßig die Vermittlung von Verträgen übernimmt, ohne im ständigen Vertragsverhältnis zum Auftraggeber zu stehen.

Wie werden die Handelsmakler nach der Art ihrer Tätigkeit eingeteilt?

Nach der Art der Tätigkeit unterscheidet man Warenmakler, Versicherungsmakler, Frachtenmakler, Wertpapiermakler, Schiffsmakler usw.

Nennen und beschreiben Sie Pflichten und Rechte eines Maklers!

- *Sorgfaltspflicht:* Der Makler hat die Interessen beider Partner wahrzunehmen.
- *Befolgungspflicht:* Der Makler hat die ihm erteilten Aufträge einzuhalten.
- *Pflicht zur Erstellung einer Schlussnote.*
- *Pflicht zur Führung eines Tagebuches über abgeschlossene Fälle.*
- *Pflicht zur Aufbewahrung von Proben* (sie sind so lange aufzubewahren, bis die Verträge erfüllt sind).
- *Recht auf den Maklerlohn* (Courtage, Sensarie): Beide Partner haben, wenn nicht anders geregelt, je die Hälfte zu zahlen.

Rechtsformen der Unternehmung

Nennen Sie Gründe, die für die Wahl einer bestimmten Rechtsform maßgebend sein können!

Für die Wahl der Rechtsform sind u. a. Betriebsgröße, Möglichkeiten der Kapitalbeschaffung, Haftung, Kontrolle, steuerliche Überlegungen und Mitarbeit maßgebend.

Wie werden die Unternehmensformen gegliedert?

Die Unternehmensformen werden eingeteilt in:

* *Einzelunternehmungen*;
* *Gesellschaftsunternehmungen:*
  – Handelsgesellschaften
    Personengesellschaften (OHG, KG, Stille G.)
    Kapitalgesellschaften (AG, Gesellschaft mbH)
  – Genossenschaften
  – Gesellschaften bürgerlichen Rechts
  – Eingetragene Erwerbsgesellschaften (OEG, KEG)

Beschreiben Sie die Einzelunternehmungen und deren Vor- und Nachteile!

Bei der Einzelunternehmung bringt der Unternehmer allein das Eigenkapital auf, haftet unbeschränkt und ist für die Geschäftsführung verantwortlich.

Vorteile:

* Der Unternehmer ist allein entscheidungsbefugt.
* Dadurch rasche Anpassung an Marktveränderungen.
* Dem Unternehmer steht der gesamte Gewinn zu.

Nachteile:

* Der Unternehmer haftet unbeschränkt (also auch mit seinem Privatvermögen).
* Die Höhe des Eigenkapitals ist von der Finanzkraft des Unternehmers abhängig.
* Geringere Kreditwürdigkeit.

Erklären Sie das Wesen einer Offenen Handelsgesellschaft!

Eine Offene Handelsgesellschaft (OHG) ist eine Gesellschaft, die

- zum Betrieb eines Handelsgewerbes,
- unter gemeinschaftlicher Firma,
- bei unbeschränkter Haftung der Gesellschafter,
- von zwei oder mehreren Personen gegründet wurde.

Beschreiben Sie die Haftung eines Gesellschafters einer OHG!

Der Gesellschafter einer OHG haftet

- *unbeschränkt* (also auch mit seinem Privatvermögen),
- *solidarisch* (d. h. für die gesamte Schuld der Gesellschaft),
- *unmittelbar* (d. h. der Gläubiger kann bei jedem Gesellschafter seine Forderung geltend machen).

Wie wird eine OHG errichtet?

Errichtet wird die OHG durch einen formlosen Vertrag aller Gesellschafter und durch die Eintragung in das Firmenbuch.

Welche Pflichten hat ein Gesellschafter einer OHG?

Der Gesellschafter einer OHG hat die Pflicht:

- zur Leistung der Kapitaleinlage; dies kann bar, in Sachwerten, Patenten, Lizenzen usw. erfolgen.
- zur Mitarbeit.
- zur Einhaltung des Konkurrenzverbotes, d. h., er darf in diesem Handelsgewerbe keine eigenen Geschäfte machen bzw. an Gesellschaften, die gleichartige Geschäfte abwickeln, als Vollhafter beteiligt sein.
- zur Haftung, d. h., der Gesellschafter haftet unbeschränkt, solidarisch, unmittelbar.

Welche Rechte hat der Gesellschafter einer OHG?

Der Gesellschafter einer OHG hat das Recht:

- zur Geschäftsführung und Vertretung nach außen;
- zur Privatentnahme und auf Gewinnanteil;
- auf Liquidationserlös usw.

Wie erfolgt die Gewinnverteilung bei einer OHG?

Die Gewinnverteilung erfolgt entweder

- so, wie es der Gesellschaftsvertrag vorsieht oder
- nach HGB: 4 % Verzinsung der Einlage,
  Rest des Gewinnes nach Köpfen.

Nennen Sie Gründe, die zur Auflösung einer OHG führen!

Auflösungsgründe sind z. B.:

- Beschluss durch die Gesellschafter;
- Konkurs über das Vermögen der Gesellschaft (bzw. über das Vermögen eines Gesellschafters);
- Tod eines Gesellschafters;
- Kündigung durch einen Gesellschafter;
- Zeitablauf, bei auf Zeit gegründeten Gesellschaften.

Beschreiben Sie das Wesen einer Kommanditgesellschaft!

Eine Kommanditgesellschaft (KG) ist eine Gesellschaft, die

- zum Betrieb eines Handelsgewerbes,
- unter gemeinschaftlicher Firma,
- von mindestens einem unbeschränkt haftenden (Komplementär) und mindestens einem beschränkt haftenden (Kommanditist) Gesellschafter gegründet wurde.

Wie haften die Gesellschafter einer KG?

Vollhafter (Komplementäre) haften unbeschränkt, solidarisch, unmittelbar. Teilhafter (Kommanditisten) haften nur mit ihrer Einlage.

Wie wird eine KG errichtet?

Die KG wird durch Abschluss eines formlosen Gesellschaftsvertrages und anschließender Eintragung in das Firmenbuch gegründet.

Welche Pflichten haben die Gesellschafter einer KG?

- *Pflichten des Komplementärs* sind u. a.:
  Einlagepflicht, Haftungspflicht, Mitarbeitspflicht, Beachtung des Konkurrenzverbotes.
- *Pflichten des Kommanditisten* sind u. a.:
  Einlagepflicht (die Haftung beschränkt sich nur auf die Einlage.
  Für Kommanditisten gilt weder das Konkurrenzverbot noch die Pflicht zur Mitarbeit.

Welche Rechte haben die Gesellschafter einer KG?

- *Rechte des Komplementärs* sind u. a.:
  Recht auf Geschäftsführung,
  Vertretung der Gesellschaft nach außen,
  Recht auf Gewinn und Privatentnahmen, Liquidationserlös.
- *Rechte des Kommanditisten* sind u. a.:
  Recht auf Gewinnanteil (nicht Privatentnahme),
  Recht auf Kontrolle (er kann eine Bilanz- und Erfolgsrechnungsab-schrift verlangen und diese prüfen),
  Recht auf Information (bei außergewöhnlichen Geschäften).

Wie erfolgt die Gewinnverteilung bei einer KG?

Die Gewinnverteilung erfolgt entweder

- so, wie es der Gesellschaftsvertrag vorsieht oder
- nach HGB: Jeder Gesellschafter erhält 4 % seines Kapitalanteiles, der Rest wird in einem angemessenen Verhältnis (Verhältnis der Kapitalanteile) verteilt.

Nennen Sie Gründe, die zur Auflösung einer KG führen können!

Auflösungsgründe sind z. B.:

- Beschluss der Gesellschafter;
- Konkurs über das Vermögen der Gesellschaft (bzw. über das Vermögen eines Gesellschafters);
- Tod eines Komplementärs (nicht aber Tod eines Kommanditisten);
- Zeitablauf, bei einer auf eine bestimmte Zeit gegründeten Gesellschaft.

Beschreiben Sie das Wesen der Stillen Gesellschaft!

Die Stille Gesellschaft wird durch Vertrag zwischen einem Kaufmann und einem Geldgeber, dessen Einlage in das Vermögen des Kaufmannes übergeht, errichtet. Es entsteht kein echtes Gesellschaftsverhältnis, sondern ein langfristiges Gläubigerverhältnis, mit dem Merkmal einer Teilhaberschaft.

Wie haftet der Stille Gesellschafter?

Der Stille Gesellschafter haftet nur mit seiner Einlage. Im Auflösungsfall (z. B. Konkurs) hat er nur Anspruch auf die Einlage, d. h., der Stille Gesellschafter nimmt Gläubigerstellung ein.

Wie wird eine Stille Gesellschaft errichtet?

Die Stille Gesellschaft wird durch Abschluss eines Gesellschaftsvertrags errichtet. Es erfolgt keine Eintragung im Firmenbuch, d. h., der Stille Gesellschafter scheint nach außen hin nicht auf.

Welche Pflicht hat der Stille Gesellschafter?

Der Stille Gesellschafter hat die Pflicht zur Einlage.

Welche Rechte hat der Stille Gesellschafter?

Recht auf Gewinnanteil, Kontrollrecht, Anspruch auf die Einlage bei Auflösung der Stillen Gesellschaft.

Wie erfolgt die Gewinnverteilung bei einer Stillen Gesellschaft?

Der Stille Gesellschafter ist an Gewinn und Verlust entsprechend dem Gesellschaftsvertrag beteiligt. Die Verlustbeteiligung kann vertraglich ausgeschlossen werden.

Nennen Sie Gründe, die zur Auflösung einer Stillen Gesellschaft führen können!

Auflösungsgründe sind z. B:

- Beschluss der Gesellschafter;
- Zeitablauf, bei einer auf eine bestimmte Zeit errichteten Gesellschaft;
- Tod des Unternehmers bzw. Auflösung der Unternehmung (nicht jedoch Tod des Stillen Gesellschafters);
- Konkurs über das Vermögen eines Gesellschafters;
- Erreichen des Gesellschaftszweckes.

Wie unterscheidet sich der Kommanditist vom Stillen Gesellschafter?

Wichtige Unterschiede sind z. B.:

- *Eintragung im Firmenbuch:*
  Der Kommanditist scheint im Firmenbuch mit Namen und Höhe der Einlage auf.
  Der Stille Gesellschafter wird nicht im Firmenbuch eingetragen.
- *Die Firmenbezeichnung:*
  Das Bestehen einer Gesellschaft ist bei der KG aus der Firma ersichtlich (z. B. durch den Zusatz KG).
  Bei der Stillen Gesellschaft ist ein Gesellschaftsverhältnis mit einem Stillen Gesellschafter aus der Firma nicht ersichtlich.

- *Stellung bei Auflösung (Konkurs) der Gesellschaft:*
  Der Kommanditist hat Anspruch auf Liquidationserlös.
  Der Stille Gesellschafter hat Anspruch auf seine Einlage (Gläubiger-stellung).

Was versteht man unter einer EEG (Eingetragener Erwerbsgesellschaft)?

Diese (durch eigenes Gesetz) Gesellschaftsform ist vor allem für freie Berufe, Landwirte und Kleingewerbetreibende, denen also keine Vollkaufmannseigenschaft zukommt, gedacht.

Man unterscheidet:

- *Offene Erwerbsgesellschaft* (entspricht weitgehend der OHG)
- *Kommanditerwerbsgesellschaft* (entspricht weitgehend der KG)

Nennen Sie Vor- und Nachteile der Personengesellschaften!

Vorteile der Personengesellschaften sind z B.:

- Diese Gesellschaften sind leicht zu errichten, auch mit geringem Kapital.
- Durch Aufnahme von Gesellschaftern kann die Kapital-(Kredit-)Basis leicht erweitert werden.
- Durch die enge Bindung (oft Familienbetriebe) an das Unternehmen, ist der persönliche Einsatz stark.
- Durch „Teamwork" ist die Gefahr von Fehlentscheidungen geringer.
- Aufteilung der anfallenden Arbeit.

Nachteile der Personengesellschaften sind z. B.:

- Jeder Gesellschafter haftet für alle anderen Gesellschafter (Ausnahmen: Kommanditist, Stiller Gesellschafter).
- Jeder Gesellschafter haftet auch mit seinem Privatvermögen (Ausnahmen: Kommanditist, Stiller Gesellschafter).
- Nicht beizulegende Konflikte zwischen den Gesellschaftern können schwere Folgen für die Gesellschaft haben.
- Beim Tod (oder Konkurs) eines Gesellschafters muss die Gesellschaft aufgelöst werden.

Beschreiben Sie das Wesen einer Aktiengesellschaft!

Die Aktiengesellschaft ist eine Gesellschaft mit eigener Rechtspersönlichkeit (d. h. eine juristische Person), deren Gesellschafter (Aktionäre) mit Einlagen auf das in Aktien zerlegte Grundkapital beteiligt sind, ohne persönlich für die Verbindlichkeiten der Gesellschaft zu haften.

Erklären Sie den Gründungsvorgang einer AG!

1. Mindestens 2 Gründer erstellen die Satzung. Die Satzung muss z. B. Sitz der Gesellschaft, Höhe des Grundkapitals, Gegenstand des Unternehmens bestimmen.
2. Eintragung in das Firmenbuch.
3. Bekanntmachung der Eintragung.
4. Übernahme der Aktien.

Was ist eine Aktie und welche Rechte sind mit ihr verbunden?

Die Aktie ist eine Urkunde, die ein Anteilsrecht an einer Aktiengesellschaft verbrieft. Die Summe der Nennwerte der Aktien bilden das Grundkapital.

Rechte, die mit dem Erwerb einer Aktie verbunden sind, sind u. a.:

- das Stimmrecht: jede Aktie ist üblicherweise eine Stimme in der HV;
- das Recht auf Dividende: die Dividende (Gewinnanteil) wird in Prozenten des Grundkapitals angegeben und ausbezahlt;
- das Bezugsrecht: bei Kapitalerhöhung durch Ausgabe junger Aktien müssen diese zuerst den bisherigen Aktionären angeboten werden;
- das Recht auf anteiligen Liquidationserlös.

Nennen und beschreiben Sie die Organe der AG!

Die Organe der AG und deren Aufgaben sind:

- *Die Hauptversammlung:*
  Sie ist die Versammlung der Aktionäre und beschließt u. a.: Satzungsänderungen, Kapitalerhöhungen (bzw. Kapitalherabsetzungen), Wahl des Aufsichtsrates, Umwandlung in eine andere Gesellschaftsform.
- *Der Aufsichtsrat:*
  Er besteht aus 3 bis 20 Mitgliedern. Er überwacht die Geschäftsführung, prüft den Jahresabschluss, bestellt den Vorstand usw. Nach dem Arbeitsverfassungsgesetz sind Arbeitnehmervertreter in den Aufsichtsrat zu entsenden („Drittelbeteiligung").
- *Der Vorstand:*
  Er besteht aus einer oder mehreren Personen. Der auf höchstens 5 Jahre bestellte Vorstand ist das geschäftsführende Organ der AG.

Welche Besonderheiten im Jahresabschluss weist eine AG auf?

- Der Jahresabschluss ist zu veröffentlichen.
- Die Hauptversammlung entscheidet (auf Vorschlag des Vorstandes) über die Verwendung des Gewinnes.

Nennen Sie Auflösungsgründe einer AG!

Gründe für die Auflösung sind u. a.:

- Beschluss der Hauptversammlung (3/4-Mehrheit),
- Konkurs der Gesellschaft,
- Ablauf der in der Satzung bestimmten Zeit.

Was ist eine Gesellschaft mit beschränkter Haftung?

Die Gesellschaft mit beschränkter Haftung ist eine Gesellschaft mit eigener Rechtspersönlichkeit (juristische Person), deren Gesellschafter mit Stammeinlagen am Stammkapital beteiligt sind, ohne persönlich für die Verbindlichkeiten der Gesellschaft zu haften.

Wie erfolgt die Gründung einer Gesellschaft mit beschränkter Haftung?

1. Mindestens 2 Gründer erstellen den Gesellschaftsvertrag, der Firma, Sitz und Gegenstand des Unternehmens, die Höhe des Stammkapitals und das Ausmaß der Einlagen der einzelnen Gesellschafter enthalten muss.
2. Eintragung in das Firmenbuch.

Nennen und beschreiben Sie die Organe einer Gesellschaft mit beschränkter Haftung!

- *Generalversammlung:* Die Generalversammlung ist die Gesamtheit der Gesellschafter. Aufgaben: Prüfung des Rechnungsabschlusses und Verteilung des Gewinnes, Bestellung der Geschäftsführer, Wahl des Aufsichtsrates, Erteilung der Prokura usw.
- *Aufsichtsrat:* Er muss ab einer bestimmten Größe der Gesellschaft mit beschränkter Haftung (Stammkapital, Gesellschafter, Zahl der Beschäftigten) gebildet werden. Er ist das Kontrollorgan der Gesellschaft mit beschränkter Haftung.
- *Geschäftsführer:* Er wird von der Generalversammlung bestellt und leitet die Gesellschaft mit beschränkter Haftung.

Nennen Sie einige wichtige Unterscheidungsmerkmale zwischen einer Aktiengesellschaft und einer Gesellschaft mit beschränkter Haftung!

Wichtige Unterscheidungsmerkmale sind z. B.:

- Die Höhe des Mindest-Grund-(Stamm-)Kapitals:
  Aktiengesellschaft EUR 70 000,–,
  Gesellschaft mit beschränkter Haftung EUR 35 000,–.

- *Wahl der Geschäftsführung:*
  - Aktiengesellschaft: Der Vorstand wird vom Aufsichtsrat bestellt.
  - Gesellschaft mit beschränkter Haftung: Geschäftsführer wird von der Generalversammlung bestellt.
- *Veröffentlichung des Jahresabschlusses:*
  - Aktiengesellschaft: Veröffentlichung des Jahresabschlusses ist vorgeschrieben.
  - Gesellschaft mit beschränkter Haftung: Veröffentlichung des Jahresabschlusses ist nicht bindend vorgeschrieben.
- *Börsenfähigkeit der Anteilspapiere:*
  - Aktiengesellschaft: Aktien können börsenmäßig gehandelt werden.
  - Gesellschaft mit beschränkter Haftung: kein börsenmäßiger Handel.
- *Bezeichnung der Organe:*
  - Aktiengesellschaft: Hauptversammlung, Aufsichtsrat, Vorstand.
  - Gesellschaft mit beschränkter Haftung: Generalversammlung, Aufsichtsrat, Geschäftsführer.

Für welche Betriebsgrößen sind Personengesellschaften bzw. Kapitalgesellschaften hauptsächlich vorgesehen?

Personengesellschaften sind hauptsächlich bei Klein- und Mittelbetrieben; *Kapitalgesellschaften* bei Großbetrieben (Gesellschaft mit beschränkter Haftung auch bei Mittelbetrieben) zu finden.

Was ist eine Erwerbs- und Wirtschaftsgenossenschaft?

Erwerbs- und Wirtschaftsgenossenschaften sind Vereinigungen mit nicht geschlossener Mitgliederzahl. Das Wirtschaftsziel ist die Förderung des Erwerbs oder der Wirtschaft ihrer Mitglieder.

Wie werden Genossenschaften nach ihrem wirtschaftlichen Zweck eingeteilt?

Nach dem wirtschaftlichen Zweck teilt man Genossenschaften ein in:
- Erwerbsgenossenschaften, wie z. B. Einkaufsgenossenschaften;
- Wirtschaftsgenossenschaften, wie z. B. Konsumgenossenschaften.

Nennen Sie die Organe und deren Aufgaben einer Genossenschaft!

Die Organe einer Genossenschaft sind:
- *Die Generalversammlung:* Aufgaben sind z. B. die Änderung der Satzung, Rechnungsabschluss, Entscheidung über die Verwendung des Gewinnes, Auflösung der Genossenschaft, Wahl des Aufsichtsrates und des Vorstandes.

- *Der Aufsichtsrat:* Seine Aufgabe ist die Überwachung des Vorstandes.
- *Der Vorstand:* Er ist das geschäftsführende Organ der Genossenschaft.

Genossenschaften sind Vereinigungen mit nicht geschlossener Mitgliederzahl. Erklären Sie diese Aussage und deren Folgen!

Bei Genossenschaften können laufend Mitglieder Geschäftsanteile einbringen bzw. sie können aus der Genossenschaft austreten. Dies hat zur Folge, dass das Grundkapital der Genossenschaft sich ständig ändern kann.

Beschreiben Sie den Haftungsumfang für Mitglieder einer Genossenschaft!

- Bei Genossenschaften mit beschränkter Haftung haften die Mitglieder mit ihrer Einlage und zusätzlich mit einem in der Satzung festgelegten Betrag.
- Bei Genossenschaften mit Geschäftsanteilshaftung haften die Mitglieder nur mit ihrem Geschäftsanteil.

Genossenschaften werden nach ihrem wirtschaftlichen Zweck eingeteilt. Nennen Sie einige Beispiele!

Einkaufsgenossenschaften, Verkaufs- und Absatzgenossenschaften, Kreditgenossenschaften, Konsumvereine und Verbrauchergenossenschaften, Baugenossenschaften usw.

Nennen Sie Rechte und Pflichten der Mitglieder einer Genossenschaft!

Rechte eines Genossenschafters sind u. a.:
- Anteil am Jahresgewinn,
- Austritt aus der Genossenschaft (Kündigung),
- Anteil am Liquidationserlös.

Pflichten eines Genossenschafters sind u. a.:
- Leistung der Einlage,
- eventuelle Mitarbeit,
- Haftung (bis zu einem Jahr nach dem Austritt).

Zusammenschlüsse von Unternehmen

Nennen Sie Gründe, die Unternehmen veranlassen, sich zusammenzuschließen!

Unternehmungen schließen sich zusammen, um Ziele zu erreichen, die das einzelne Unternehmen nicht verwirklichen kann, wie z. B.:

• Ausschaltung der Konkurrenz bzw. stärkeren Einfluss am Markt;

• Sicherung der Rohstoff- und Absatzbasis;

• gemeinsame Forschung und Entwicklung;

• größere Wirtschaftlichkeit durch gemeinsame Rationalisierung (z. B. Fertigungsverfahren, Erzeugungsprogramm);

• Risikoverteilung;

• Übernahme von Aufträgen, die das Leistungsvermögen des einzelnen Unternehmens übersteigen würden;

• Schutz vor ausländischer Konkurrenz.

Beschreiben Sie horizontale, vertikale und diagonale Unternehmenszusammenschlüsse!
Nennen Sie dazu entsprechende Beispiele!

• *Horizontale Zusammenschlüsse* sind Zusammenschlüsse von Unternehmen der gleichen Produktions- oder Handelsstufe.

  Beispiel: Zusammenschluss mehrerer Papierfabriken.

• *Vertikale Zusammenschlüsse* sind Zusammenschlüsse von Unternehmen mit aufeinanderfolgender Produktions- oder Handelsstufe.

  Beispiel: Bergwerk – Stahlwerk – Walzwerk – Stahlgroßhandel – Einzelhandel.

• *Diagonale Zusammenschlüsse* sind Zusammenschlüsse von Unternehmen mit artfremden Produktionsprogrammen.

  Beispiel: Molkerei – Papierfabrik.

Welche Unternehmenszusammenschlüsse gibt es, geordnet nach dem Grad der Beschränkung der wirtschaftlichen und rechtlichen Selbstständigkeit?

- *Kartell:* Die wirtschaftliche und rechtliche Selbstständigkeit der Unternehmen bleibt gewahrt – geregelt wird der Wettbewerb am Markt.
- *Konzern:* Die rechtliche Selbstständigkeit der Unternehmen bleibt gewahrt – die Unternehmen stehen unter einer gemeinsamen einheitlichen wirtschaftlichen Leitung.
- *Trust:* Die rechtliche und wirtschaftliche Selbstständigkeit der einzelnen Unternehmen geht verloren – durch Fusion entsteht ein neues, selbstständiges Unternehmen.

Was ist ein Kartell, welche Arten von Kartellen gibt es?

Den vertraglichen, horizontalen Zusammenschluss von Unternehmen, die rechtlich und wirtschaftlich selbstständig bleiben, bezeichnet man als Kartell. Beschränkt wird der Wettbewerb am Markt.

Arten von Kartellen sind z. B.: Preiskartelle, Gebietskartelle, Konditionenkartelle, Exportkartelle, Kontigentierungskartelle (Produktionskartelle), Rationalisierungskartelle.

Wann bezeichnet man ein Kartell als Syndikat?

Bei einem Syndikat wird der Verkauf der Kartell-Unternehmungen zentral von einer eigenen Verkaufsorganisation geleitet.

Was sind und wie entstehen Konzerne?

Konzerne sind Unternehmenszusammenschlüsse, bei denen die Unternehmen rechtlich selbstständig bleiben, aber unter einer einheitlichen wirtschaftlichen Leitung stehen. Konzerne entstehen meist durch Kapitalbeteiligung (z. B. durch Aktientausch).

Unternehmenszusammenschlüsse unterliegen in der EU ab einer bestimmten Größenordnung der Genehmigungspflicht, um marktbeherrschende – und damit wettbewerbshemmende – Konzerne zu verhindern.

Wann spricht man von einem Trust?

Trusts sind Unternehmenszusammenschlüsse, bei denen die Unternehmen ihre rechtliche und wirtschaftliche Selbstständigkeit verlieren. Es entsteht ein neues Unternehmen durch Verschmelzung (Fusion).

Welche Unternehmenszusammenschlüsse erfolgen durch Vertrag bzw. durch Kapitalbeteiligung?

Mittels Vertrags werden Kartelle gebildet, durch Kapitalbeteiligung werden Konzerne und Trusts errichtet.

Können in Österreich Kartelle beliebig errichtet werden?

Die Bildung von Kartellen ist in Österreich durch das Kartellgesetz geregelt. Missbräuchliche Anwendung eines Kartells soll durch die Genehmigungspflicht (Eintragung in das Kartellregister) verhindert werden.

Auflösung der Unternehmung

Nennen Sie Gründe für die freiwillige Auflösung eines Unternehmens! Beschreiben Sie die Liquidation!

Gründe für die freiwillige Auflösung einer Unternehmung sind:

* *persönliche*, wie z. B. Krankheit, Tod des Unternehmers, Ausscheiden eines Gesellschafters;
* *sachliche*, wie z. B. Erreichen des Unternehmenszieles, Verschlechterung der Geschäftslage, übermächtige Konkurrenz.

Nach Auflösung der Unternehmung werden alle Vermögenswerte liquidiert, d. h. in Geld umgewandelt. Bestehende Schulden werden beglichen. Der verbleibende Überschuss wird auf die Eigentümer verteilt.

Was versteht man unter „Konkurs"?

Unter Konkurs versteht man ein gesetzlich geregeltes, gerichtliches Verfahren zur Auflösung von zahlungsunfähigen (insolventen) Unternehmen.

Beschreiben Sie das Konkursverfahren!

* *Antrag auf Konkurseröffnung bei Gericht* (Landes-, Kreis- oder Handelsgericht);
  Voraussetzungen: Zahlungsunfähigkeit, Konkursantrag durch Schuldner oder Gläubiger, notwendiges Vermögen (mindestens Verfahrenskosten).
* *Bestellung der Organe durch das Konkursgericht;*
  Der Masseverwalter hat die Aufgabe, die Konkursmasse zu sammeln und zu verwalten bzw. zu verteilen.

- *Verlautbarung der Konkurseröffnung* (z. B. im Amtsblatt der Wiener Zeitung, Kammernachrichten).
- *Offenlegung der Schuldverhältnisse:* Das Vermögen des Schuldners wird zur „Konkursmasse", d. h., der Schuldner darf über sein Vermögen nicht mehr verfügen.
- *Anmeldung der Gläubigerforderungen*, d. h., die Gläubiger müssen ihre Forderungen beim Konkursgericht anmelden.
- *Festlegung der Ansprüche im Konkurs:*
  1. Aussonderungsansprüche: Nichteigentum des Schuldners z. B. Kommissionsware.
  2. Absonderungsansprüche: gesicherte Forderungen z. B. Hypotheken.
  3. Masseforderungen: z. B. Verfahrenskosten, laufende Kosten wie Miete, Löhne der Konkursabwickler, öffentliche Abgaben usw.
  4. Konkursforderungen: sonstige Forderungen

$$\text{Konkursquote} = \frac{\text{Konkursvermögen} - (1 + 2 + 3)}{\text{Konkursforderungen}} \times 100$$

- *Schlussabrechnung:*
  Sie wird nach der Verteilung der Konkursmasse vom Masseverwalter erstellt, das Unternehmen ist aufgelöst.

Was versteht man unter fahrlässiger bzw. betrügerischer Krida?

Mit „Krida" bezeichnet man den Konkurs, der durch schuldhaftes Verhalten herbeigeführt wurde. Dieses schuldhafte Verhalten kann

- *fahrlässig* (z. B Spekulation, zu hohe Kredite) oder
- *betrügerisch* (z. B. durch Vermögenstransfer, erschlichene Kredite) sein.

Welche Formen des Ausgleiches kennen Sie?

Außergerichtlicher Ausgleich, gerichtlicher Ausgleich, Zwangsausgleich.

Beschreiben Sie den außergerichtlichen Ausgleich!

Beim außergerichtlichen Ausgleich kommen die Gläubiger dem zahlungsunfähigen Unternehmen entgegen, indem sie entweder

- einen *Zahlungsaufschub gewähren* oder
- die *Schulden teilweise erlassen*.

Was versteht man unter gerichtlichem Ausgleich und unter welchen Voraussetzungen wird er durchgeführt?

Unter gerichtlichem Ausgleich versteht man das Ausgleichsverfahren durch das Gericht auf Antrag des Schuldners. Die Eröffnung des Ausgleichsverfahrens wird z. B. im Amtsblatt der Wiener Zeitung veröffentlicht.

Voraussetzungen: Zahlungsunfähigkeit, Ausgleichsangebot und dessen Annahme durch die Gläubiger (Mindestangebot: 40 % binnen 12 Monaten oder 50 % binnen 18 Monaten), keinen gerichtlichen Ausgleich in den letzten 5 Jahren.

Was ist und wann kommt es zu einem Zwangsausgleich?

Der Zwangsausgleich ist ein gerichtliches Verfahren, das unter weitgehender Befriedigung der Gläubiger einen bereits eröffneten Konkurs aufhebt. Voraussetzungen:

- Volle Befriedigung der bevorrechteten Konkursforderungen (z. B. Lohn- und Gehaltsrückstände, Steuern, SV-Beiträge).
- Angebot an die nichtbevorrechteten Gläubiger: Mindestquote 20 %, zahlbar innerhalb eines Jahres.
- Zustimmung des Gerichtes und der Mehrheit der Gläubiger.

Was ist und wann kommt es zu einem Anschlusskonkurs?

Bei einem Anschlusskonkurs wird ein schwebendes Ausgleichsverfahren in ein Konkursverfahren umgewandelt. Diese Maßnahme wird notwendig, wenn der Schuldner die vorgeschriebenen Ausgleichsquoten nicht aufbringen kann.

Wodurch unterscheidet sich der Konkurs vom Ausgleich?

Wichtige Unterscheidungsmerkmale sind z. B.:

- Der Konkurs führt zur zwangsweisen Auflösung der Unternehmung, beim Ausgleich kann das Unternehmen weitergeführt werden.
- Einmaliger Konkurs bzw. zweimalige Ausgleichseröffnung sind Ausschließungsgründe für die Gewerbeausübung.
- Beim Konkurs haben Gläubiger (speziell nichtbevorrechtete Gläubiger) eine geringere Quote zu erwarten als bei einem Ausgleich.
- Beim Konkurs kann den Eröffnungsantrag der Schuldner oder der Gläubiger stellen, beim Ausgleich muss der Antrag durch den Schuldner gestellt werden.

Können Privatpersonen Konkurs anmelden?
Wenn ja, wie ist die Vorgangsweise?

Das „Schuldenregulierungsverfahren" ist ein speziell für Private zuge-schnittenes Konkursverfahren.

Die vier Stufen des Schuldenregulierverfahrens:

- Außergerichtliches Ausgleichsverfahren;
- Konkursantrag;
- Zahlungsplan, flexibler Zwangsausgleich;
- Abschöpfungsverfahren.

Gewerberecht

Wann spricht man von einem Gewerbe (§ 1 GO)?

Gewerbe sind gesetzmäßig erlaubte Tätigkeiten, die gewerbsmäßig (d. h. selbstständig, regelmäßig, gegen Entgelt) ausgeübt werden.

Welche Ausnahmen kennt die Gewerbeordnung?

Ausnahmen sind: freie Berufe (Notare, Ärzte, Künstler), Sparkassen, Ban-ken, Versicherungen usw.

Wie werden die Gewerbe eingeteilt?

Man unterscheidet:

- *Freie Gewerbe* wie z. B.: Kartenbüro, Auskunfteien, Kanalräumer.
- *Gebundene Gewerbe*
  - ohne Bewilligungspflicht wie z. B.: Handelsgewerbe, Drucker, Gast-gewerbe;
  - mit Bewilligungspflicht wie z. B.: Baumeister, Drogist, Elektrotechni-ker, Waffengewerbe.
- *Handwerke* wie z. B.: Tischler, Schlosser, Bäcker.

Nennen Sie die Voraussetzungen für die Gewerbeausübung!

- *Allgemeine Voraussetzungen* wie
  - Eigenberechtigung (Vollendung des 19. Lebensjahres, keine Ent-mündigung);
  - keine gesetzlichen Ausschließungsgründe (Verbrechen, Finanzvergehen);
  - österreichische Staatsbürgerschaft (oder Bürger der EU).

- *Besondere Voraussetzungen* wie
  - Handwerke: Meisterprüfung mit Unternehmerprüfung
  - Gebundene Gewerbe: Lehrabschlussprüfung, Unternehmerprüfung, einschlägige fachliche Tätigkeit. Für Absolventen höherer Schulen, Werkmeisterschulen usw. gibt es besondere Regelungen.

Wie unterscheiden sich bewilligungspflichtige gebundene Gewerbe von nicht bewilligungspflichtigen Gewerben?

Bei nicht bewilligungspflichtigen gebundene Gewerben sind für die Gewerbeausübung neben den allgemeinen und besonderen Voraussetzungen eine Anmeldung bei der Bezirkshauptmannschaft (Magistrat) nötig. Bei bewilligungspflichtigen gebundenen Gewerben wird zusätzlich die Zuverlässigkeit geprüft.

Welche Bereiche umfasst der gewerbliche Rechtsschutz?

Der gewerbliche Rechtsschutz umfasst: Patentrecht, Musterrecht, Markenrecht und Wettbewerbsrecht.

Was regelt das Patentrecht?

Durch das Patentrecht wird der Schutz neuer Erfindungen (Verfahren) geregelt. Schutzdauer: 20 Jahre (keine Verlängerung).

Beschreiben Sie das Musterrecht!

Das Musterrecht regelt den Schutz von Mustern und Modellen, das sind Vorbilder für Erzeugnisse wie z. B.: Stoffmuster.
Schutzdauer: 5 Jahre (Verlängerung zweimal 5 Jahre möglich).

Was sind Marken und wie können sie geschützt werden?

Marken sind Symbole, die zur Unterscheidung von Waren und Dienstleistungen dienen.
Schutzdauer: 10 Jahre bzw. 20 Jahre bei Eintragung im Internationalen Markenregister (Verlängerung ist möglich).

Was regelt das Wettbewerbsrecht?

Das Gesetz gegen den unlauteren Wettbewerb bietet Schutz vor übertriebenen Maßnahmen im Konkurrenzkampf.
Strafbar sind u. a. folgende Handlungen:
Herabsetzung eines Unternehmens (Rufschädigung).
Missbrauch von Kennzeichen eines Unternehmens.
Nachahmung geschützter Erzeugnisse.
Irreführende Angaben.

Was sind öffentliche Abgaben und wie werden sie gegliedert?

Als Abgaben werden Geldleistungen bezeichnet, die der Staat aufgrund von Vorschriften einhebt.

Man unterscheidet Steuern, Zölle, Gebühren, Beiträge.

Wie werden Steuern definiert?

Als Steuern bezeichnet man einmalige oder laufende Abgaben, die an öffentliche Gebietskörperschaften (z. B. Bund, Länder, Gemeinden) zu zahlen sind, ohne dass diese eine bestimmte Gegenleistung erbringen.

Nach welchen Gesichtspunkten lassen sich Steuern einteilen?

Steuern lassen sich einteilen

- *nach dem Empfänger der Steuern* in
  - Bundesabgaben, z. B. Körperschafts- und Versicherungssteuer, Normverbrauchsabgabe.
  - zwischen Bund, Ländern und Gemeinden geteilte Abgaben, z. B. Umsatz-, Lohn- und Einkommensteuer.
  - Landes- oder Gemeindeabgaben, z. B. Grund-, Kommunal-, Getränke- und Vergnügungssteuer.
- *nach der Art der Einhebung* in
  - direkte Steuern: Sie werden direkt bei der Person eingehoben, die sie aufgrund der Gesetze tragen muss, d. h., Steuerzahler und Steuerträger sind ident, z. B. Einkommensteuer.
  - indirekte Steuern: Steuerträger (z. B Konsument) und Steuerzahler (z. B. Kaufhaus) sind verschiedene Personen, d. h., die Abgabe wird bei einem anderen eingehoben, als bei dem, der sie tatsächlich zu zahlen hat, z. B. Verbrauchssteuern wie die Umsatzsteuer.
- *nach der Veranlagung* in
  - Selbstbemessungssteuern: Sie werden vom Abgabepflichtigen selbst berechnet, z. B. Lohn-, Umsatz- und Kapitalertragsteuer.
  - veranlagte Steuern: Die Steuerbehörde legt (nach der Steuererklärung) die Höhe der Steuer fest, z. B. Einkommen-, Körperschafts- und Grunderwerbssteuer.

- *nach der Besteuerungsbasis* in
  – Personensteuern, z. B. Einkommensteuer.
  – Sach(Objekt)steuern, z. B. Grundsteuer.
- *nach der Art der Verbuchung* in
  Betriebs-, Privat-, Durchlaufsteuern.
- *nach der Organisation der Finanzbehörde* in
  Verbrauchs-, Einkommens-, Besitz- und Verkehrssteuern.

Erklären Sie die Begriffe „Steuererklärung" und „Steuerbescheid"!

Die Steuererklärung umfasst die auf einem amtlichen Vordruck zu einem bestimmten Termin (z. B. 31. März) abzugebenden Angaben zu einer bestimmten Steuer. Aufgrund der Angaben in der Steuererklärung bestimmt das Finanzamt die Höhe der Steuer.

Nach Erledigung erhält der Steuerpflichtige den Steuerbescheid, der die Bemessungsgrundlage, Fälligkeit und Höhe der Steuer sowie eine Begründung und Rechtsmittelbelehrung enthält.

Nennen Sie wichtige Punkte, die beim Schriftverkehr mit dem Finanzamt besonders zu beachten sind!

Beim Schriftverkehr mit dem Finanzamt sind u. a. folgende Punkte zu beachten:

- Von jedem Schriftstück ist eine Kopie aufzubewahren!
- Der Steuerpflichtige hat den Beweis der termingerechten Einreichung von Schriftstücken zu erbringen.
  Deshalb: Briefe eingeschrieben aufgeben bzw. Schriftstücke bei der Einlaufstelle des Finanzamtes nur gegen Bestätigung abgeben.

Beschreiben Sie die Einkommensteuer!

Die Einkommensteuer ist eine direkte, nicht abzugsfähige Personensteuer, bei der wichtige persönliche Verhältnisse berücksichtigt werden. Die Einkommensteuer ist eine veranlagte Steuer, d. h., der Steuerpflichtige hat eine Steuererklärung abzugeben.

Nennen Sie Einkunftsarten, die der Einkommensteuer unterliegen!

Der Einkommensteuer unterliegen sieben Einkunftsarten:

* Einkünfte aus Land- und Forstwirtschaft,
* Einkünfte aus selbstständiger Arbeit,
* Einkünfte aus Gewerbebetrieb,
* Einkünfte aus nicht selbstständiger Arbeit,
* Einkünfte aus Kapitalvermögen,
* Einkünfte aus Vermietung und Verpachtung,
* Sonstige Einkünfte.

Wie erfolgt die Ermittlung der Einkünfte aus den sieben Einkunftsarten?

Die Ermittlung der Einkünfte erfolgt

* in den Einkunftsarten Land- und Forstwirtschaft, selbstständige Arbeit und Einkünfte aus Gewerbebetrieb durch Errechnung des Gewinnes;
* in den anderen Einkunftsarten durch Berechnung des Einnahmenüberschusses über die Werbungskosten.

Wie erfolgt die Einhebung der Einkommensteuer?
Nennen Sie wichtige Termine!

Die Einkommensteuer ist eine Jahressteuer, d. h., nach Ablauf des Kalenderjahres wird die Steuer aufgrund der Einkommensteuererklärung berechnet. Die Einkommensteuererklärung ist bis 31. März n. J. beim zuständigen Wohnsitzfinanzamt abzugeben (Verlängerung der Abgabepflicht ist auf Antrag möglich).

Während des Jahres sind Vorauszahlungen, und zwar am 15. 2., 15. 5., 15. 8. und 15. 11. zu leisten. Die Höhe der Vorauszahlung ist von der letztjährigen Veranlagung abhängig. Reichen die Vorauszahlungen eines Jahres nicht aus, um die Steuerschuld abzudecken, so ist nach Zustellung des Steuerbescheides der noch ausstehende Betrag innerhalb eines Monats zu zahlen.

Beschreiben Sie die Lohnsteuer und deren Einhebung!

Die Lohnsteuer ist eine besondere Erhebungsform der Einkommensteuer für Einkünfte aus nicht selbstständiger Arbeit. Sie wird nicht veranlagt, sondern durch den Arbeitgeber bei jeder Lohnzahlung einbehalten.
Der Arbeitgeber haftet für die richtige Einbehaltung und Abführung der Steuer an das Finanzamt, Steuerschuldner ist aber der Arbeitnehmer.

Beschreiben Sie die Lohnsteueraufrollung und ihre Wirkung!

Durch die Lohnsteueraufrollung wird ein Steuerausgleich bei unterschiedlich hohen monatlichen Steuerbemessungsgrundlagen herbeigeführt. Der Arbeitgeber kann in der „Dezemberaufrollung" Kirchenbeitrag und Gewerkschaftsbeitrag für ganzjährig bei ihm beschäftigte Arbeitnehmer berücksichtigen, falls keine Freibetragsmitteilung vorgelegt wurde.

Wann kommt es zu einer „Veranlagung" des Arbeitnehmers?

- *Pflichtveranlagung*
  Zu einer Pflichtveranlagung kommt es z. B.:
  – wenn mehr als EUR 730,– bezogen wurden, die keinem Lohnsteuerabzug unterliegen.
  – wenn mindestens zwei gesondert versteuerte Einkünfte gleichzeitig (auch kurzfristig) bezogen wurden.

- *Antragsveranlagung*
  Der Arbeitnehmer kann innerhalb von 5 Jahren eine Veranlagung beantragen, z. B. wenn er Werbungskosten, Sonderausgaben oder außergewöhnliche Belastungen geltend machen will.

Die Umsatzsteuer ist eine „Allphasensteuer mit Vorsteuerabzug" und eine Verbrauchssteuer. Erklären Sie diese Begriffe!

Die Umsatzsteuer ist eine „Allphasensteuer mit Vorsteuerabzug", weil ihre Höhe vom Wertzuwachs, d. h. von der Differenz der getätigten Umsätze und von den vom Unternehmen eingekauften Waren und Leistungen in jeder Produktionsstufe berechnet wird. Die Umsatzsteuer ist eine Verbrauchssteuer, d. h., der Steuerträger ist der Letztverbraucher, ohne dass auf persönliche Verhältnisse Rücksicht genommen wird.

Erklären Sie die Berechnung der Umsatzsteuer!

Die von den einzelnen monatlichen Umsätzen berechnete und einbehaltene Umsatzsteuer wird durch die im selben Zeitraum in den Eingangsbelegen enthaltene Steuer (Vorsteuer) gekürzt. Die Differenz bezeichnet man als Zahllast. Sie ist durch das Unternehmen an das Finanzamt abzuführen.

Welche Umsätze unterliegen der Umsatzsteuer?

Steuerbare Umsätze sind

- Lieferungen und sonstige Leistungen, die ein Unternehmen im Inland gegen Entgelt im Rahmen seines Unternehmens ausführt;
- der Eigenverbrauch;
- Einfuhr von Waren aus dem Drittlandsgebiet (außerhalb der EU).

Welche Umsätze sind von der Umsatzsteuer befreit? Nennen Sie einige Beispiele!

Man unterscheidet:

- *Echte Befreiungen*, wie z. B. Ausfuhrlieferungen (Lohnveredelungen) an Abnehmern in Drittländern, Umsätze für die Luft- und Seeschifffahrt.
  Umsatz ist steuerfrei – Vorsteuer ist absetzbar!
- *Unechte Befreiungen*, wie z. B. Umsätze aus Geld- und Kreditgeschäften, Umsätze der Sozialversicherungs- und Fürsorgeträger, Umsätze der Kleinunternehmer (Umsatz unter EUR 22.000,–).
  Umsatz ist steuerfrei – Vorsteuer darf nicht abgesetzt werden!

Was versteht man im Zusammenhang mit der Umsatzsteuer unter Bemessungsgrundlage und Ist- und Sollbesteuerung?

Die Bemessungsgrundlage ist das Entgelt, das der Empfänger einer Lieferung oder Leistung aufwenden muss.

- *Sollbesteuerung:*
  Grundlage für die Versteuerung ist in der Regel das vereinbarte Entgelt, d h. das fakturierte Entgelt. Die Steuerschuld entsteht unabhängig vom Zahlungseingang in dem Monat, in dem die Lieferung oder Leistung erfolgt.
- *Istbesteuerung:*
  In Ausnahmefällen (auf Antrag, wenn der Umsatz EUR 110.000,– nicht übersteigt), bei freien Berufen (Arzte, Notare usw.) sowie bei Unternehmen der Energieversorgung erfolgt die Besteuerung nach vereinnahmtem Entgelt, d. h. aufgrund der Zahlungseingänge.

Welche Steuersätze kennt das Umsatzsteuergesetz und wann sind sie anzuwenden?

Das Umsatzsteuergesetz kennt u. a.:

- den *Normalsteuersatz von 20 %*.
- den e*rmäßigten Steuersatz von 10 %*.
  Anzuwenden ist der ermäßigte Steuersatz u. a. für Lebensmittel, Bücher, Personenbeförderung
- Der *ermäßigte Steuersatz von 12 %* gilt vor allem für die Landwirtschaft.

Unter welchen Voraussetzungen ist ein Unternehmen berechtigt, die Vorsteuer vom Finanzamt zurückzufordern?

Ein Unternehmen ist zum Vorsteuerabzug berechtigt, wenn

- die Lieferung oder sonstige Leistung erbracht wurde (dann ist das Rechnungsausstellungsdatum maßgebend),
- die Rechnung ordnungsgemäß ausgestellt wurde;
  – bei Kleinrechnungen (bis EUR 150,–) kann die Vorsteuer im Rechnungsbetrag enthalten sein.
  – bei Rechnungen über EUR 150,– muss die Vorsteuer offen ausgewiesen werden.

Beachten Sie: Das Datum des Rechnungseinganges bzw. der Zahlung einer Rechnung ist für die Vorsteuer unerheblich.

Welche wichtigen Termine kennt das Umsatzsteuergesetz?

- Die Steuerschuld entsteht
  – bei Sollbesteuerung mit Ablauf des Monats, in dem die Lieferung (Leistung) erbracht wurde. Wird die Rechnung erst nach Ablauf dieses Monats erstellt, so entsteht die Steuerschuld ebenfalls im nächsten Monat;
  – bei Istbesteuerung mit Ablauf des Monats, in dem das Entgelt vereinnahmt wurde.
- Die Voranmeldung ist spätestens am 15. des übernächsten Monats beim zuständigen Finanzamt einzureichen.
- Die Umsatzsteuererklärung ist bis spätestens 31. März nächsten Jahres abzugeben.

Wie würden Sie die Kennzahl ATU12345678 erklären?

Jeder Unternehmer, der in der EU als Lieferer oder Käufer auftritt, braucht eine Umsatzsteuer-Identifikationsnummer (UID).
AT steht für Österreich und U für Umsatzsteuer.

Wie erfolgen Lieferungen unter Verwendung der UID?

Sind Käufer und Verkäufer eines innergemeinschaftlichen Handels Unternehmer, so kann der Lieferer steuerfrei liefern.

Welche Bedeutung hat die „Zusammenfassende Meldung"?

Diese Meldung für ein Quartal ist am Ende des folgenden Monats abzugeben.
Diese „Zusammenfassende Meldung" hat u. a. folgende Daten zu enthalten:

- UID der Geschäftspartner und
- die Summe der Bemessungsgrundlagen der ausgeführten innergemeinschaftlichen Warenlieferungen.

Wann ist bei Einfuhren die Einfuhrumsatzsteuer zu entrichten?

EUSt ist für Einfuhren aus Drittländern (nicht EU-Mitgliedsstaat) zu entrichten (Einzelbesteuerungsverfahren).

Nach welchen Gesichtspunkten können Zölle eingeteilt werden?

Zölle werden nach der Bemessungsgrundlage eingeteilt in:

- *Wertzoll:* Der Zollsatz wird in % des Grenzwertes angegeben.
- *Gewichtszoll:* Der Zoll wird je 100 kg Nettogewicht angegeben.
- *Stückzoll:* Der Zoll wird je Stück angegeben.
- *Kombinierter Zoll:* Zur Zollermittlung werden Gewicht und Wert der Ware herangezogen.

Lohn- und Gehaltsverrechnung

Wann wird ein Arbeitsentgelt als Lohn und wann als Gehalt bezeichnet?

Der Lohn ist das Arbeitsentgelt der Arbeiter, das Gehalt das Arbeitsentgelt der Angestellten.

Nennen Sie die Aufgaben der Lohn- und Gehaltsverrechnung!

Aufgaben der Lohn- und Gehaltsverrechnung sind u. a.:

Ermittlung der Bruttobezüge, der Zulagen, Berechnung der lohnabhängigen Beiträge und Steuern und des Auszahlungsbetrages.

Nach welchen Gesichtspunkten können Arbeitsentgelte eingeteilt werden?

Arbeitsentgelte können eingeteilt werden nach

- dem Zeitpunkt der Auszahlung z. B. in Tag-, Wochen-, Monatslohn;
- der Art der Auszahlung z. B. in Geld- oder Naturallohn;
- der Berechnungsbasis in Zeitlohn und Leistungslohn (Akkord- und Prämienlohn).

Nennen Sie Vor- und Nachteile von Zeit- und Leistungslohn!

- *Vorteile des Zeitlohnes:* Durch geringen Leistungsanreiz ist eine gewissenhafte Ausführung möglich, die Unfallgefahr wird herabgesetzt. Diese Lohnform wird auch dann gewählt, wenn eine Leistung nicht oder schwer messbar ist.
- *Nachteil des Zeitlohnes:* Kein Anreiz zur Mehrleistung, deshalb wird eine Kontrolle der Arbeitsleistung nötig.
- *Vorteile des Leistungslohnes:* Großer Anreiz zur Mehrleistung.
- *Nachteile des Leistungslohnes:* Durch das erhöhte Arbeitstempo kann es zu einer höheren Unfallwahrscheinlichkeit, höherem Verschleiß an Maschinen und Geräten, größerem Materialverbrauch kommen. Eine besondere Qualitätskontrolle ist notwendig.

Welche Zulagen und Zuschläge in der Lohnverrechnung kennen Sie? Nennen Sie einige Beispiele!

Zuschläge sind u. a. die Überstundenzuschläge für Normal-, Sonn- und Feiertags- sowie Nachtarbeit.

Zulagen sind u. a. Schmutz-, Erschwernis- und Gefahrenzulage.

Welche Abzugsposten in der Lohn- und Gehaltsverrechnung kennen Sie?

Bei den Abzügen in der Lohn- und Gehaltsverrechnung unterscheidet man zwischen:

- *gesetzlichen Abzügen*, wie z. B. Sozialversicherungsbeitrag, Arbeiterkammerumlage, Wohnbauförderungsbeitrag, Lohnsteuer;
- *freiwilligen Abzügen*, wie z. B. Gewerkschaftsbeitrag, Beiträge für die Werksküche, Sport, Betriebsversicherungen.

Nennen Sie Grundlagen, die für die Lohn- und Gehaltsverrechnung maßgebend sind!

Für die Lohn- und Gehaltsverrechnung sind u. a.

- *Gesetze* (Einkommensteuergesetz, Angestelltengesetz, Allgemeines Sozialversicherungsgesetz),
- *Kollektivverträge, Dienstverträge*

maßgebend.

Was versteht man unter dem Begriff Sozialversicherung? Welche Versicherungen sind in der Sozialversicherung zusammengefasst?

Die Sozialversicherung ist eine gesetzlich geregelte Pflichtversicherung. Sie umfasst:

- *Arbeitslosenversicherung*,
- *Krankenversicherung*,
- *Unfallversicherung* und
- *Pensionsversicherung*.

Im weiteren Sinne werden, da sie ebenfalls an die zuständige Krankenkasse abgeliefert werden, noch folgende Beiträge zur Sozialversicherung gezählt: Arbeiterkammerumlage, Wohnbauförderungsbeitrag, Wohnungsbeihilfenbeitrag, Entgeltfortzahlungsbeitrag, Zuschlag nach dem Insolvenz-Entgeltsicherungsgesetz, Schlechtwetterentschädigungsbeitrag.

Wer hat Anspruch auf Familienbeihilfe?

Anspruch haben Personen, die in Österreich ihren Wohnsitz haben, für minderjährige Kinder.
für volljährige Kinder (bis zum vollendeten 26. Lebensjahr), die in Berufsausbildung stehen.

Erklären Sie den Begriff „Kinderabsetzbetrag"!

Im Normalfall steht einem Steuerpflichtigen, dem die Familienbeihilfe gewährt wird, für jedes Kind EUR 50,90 zu. (Wird gemeinsam mit Familienbeihilfe ausbezahlt.)

Wie erfolgt die Auszahlung der Familienbeihilfe bzw. des Kinderabsetzbetrages?

Die Familienbeihilfe (Kinderabsetzbetrag) wird im Regelfall vom Wohnsitzfinanzamt überwiesen. Ausnahmen sind z. B. Bund, Länder und Gemeinden, die die Familienbeihilfe und Kinderabsetzbetrag monatlich mit den Bezügen auszahlen.

Wie ist die Verrechnung von Überstunden geregelt?

Die Entlohnung einer Überstunde besteht aus dem Grundlohn und dem Überstundenzuschlag.

Wie hoch ist der Überstundenzuschlag?

- In der Regel 50 % des Grundlohnes
- für Sonn-, Feiertags- und Nachtarbeit 100 %.

Wozu dient der Überstundenteiler?

Der Überstundenteiler (z. B. 1/143, 1/173) dient zur Ermittlung des Grundstundenlohnes bei Angestellten und ist in den Kollektivverträgen enthalten.

Wie wird die Beitragsgrundlage für die Sozialversicherung ermittelt?

Die Beitragsgrundlage ist der auf volle Cent gerundete Arbeitsverdienst des Beitragszeitraumes. Nicht in die Beitragsgrundlage werden Sonderzahlungen (Weihnachtsremuneration, Urlaubsgeld usw.) und beitragsfreie Entgelte, wie z. B. Jubiläumsgeschenke, Schmutzzulage, Auslagenersatz einbezogen.

Welche Methoden der Sozialversicherungsbeitrags-Ermittlung kennen Sie?

Der Sozialversicherungsbeitrag kann ermittelt werden

- unmittelbar nach dem Arbeitsverdienst;
- bei Kleinbetrieben von der Krankenkassa, sofern der Betrieb kein „Selbstabrechner" ist.

Wie wird die Bemessungsgrundlage für die Lohnsteuer ermittelt?

Die Lohnsteuerbemessungsgrundlage ergibt sich aus:

- Bruttobezug (ausgenommen lohnsteuerfreie Beträge),
- abzüglich Sozialversicherung, Freibetrag, Pendlerpauschale, steuerfreie Überstundenzuschläge u. a.

Wie wird die Lohnsteuer ermittelt?

Nach Berechnung der Bemessungsgrundlage wird die Lohnsteuer aus der Lohnsteuertabelle ermittelt. Zu achten ist

- auf den Abrechnungszeitraum (tägliche, wöchentliche, vierwöchentliche, monatliche und fünfwöchentliche Abrechnung);
- auf die richtige Spalte (mit oder ohne Alleinverdienerabsetzbetrag).

Erklären Sie den Begriff „Freibetrag"!

Freibeträge werden für erhöhte Werbungskosten, Sonderausgaben, außergewöhnliche Belastungen und für Opferausweisinhaber gewährt (Freibetragsbescheid).

Nennen Sie Beispiele für Werbungskosten!

Werbungskosten dienen zur Sicherung (Erhaltung) des Einkommens. Dazu zählen z. B. Berufskleidung, Fachliteratur, Werkzeuge, Gewerkschaftsbeiträge (bei Einbehaltung durch den Arbeitgeber werden diese bei der Lohnabrechnung berücksichtigt).

Wann steht einem Dienstnehmer das Pendlerpauschale zu?

Das kleine Pendlerpauschale, wenn die Benützung eines Massenverkehrsmittel zumutbar, und die Fahrstrecke länger als mindestens 20 km ist. Das große Pendlerpauschale, wenn die Benützung öffentlicher Verkehrsmittel nicht zumutbar ist.

Welche Ausgaben zählen zu den Sonderausgaben?

Zu den Sonderausgaben zählen z. B. freiwillige Pensionsversicherungen, Ausgaben für steuerbegünstigte Wohnraumbeschaffung, Kirchenbeiträge, Steuerberatung.

Nennen Sie Beispiele für außergewöhnliche Belastungen!

Beispiele sind: Krankheitskosten, Berufsausbildungskosten für Kinder, Aufwendungen für behinderte Kinder usw.

Beschreiben Sie die Abrechnung des Dienstgebers mit der Krankenkasse!

Der Dienstgeber hat folgende Aufgaben:

* *Monatliche Meldung der Beitragsgrundlage und der entsprechenden Beiträge mit dem Formular „Beitragsnachweisung".*
  Kleinbetriebe melden monatliche Lohnänderungen und erhalten von der Krankenkasse die Beitragssumme mittels „Beitragsvorschreibung" vorgeschrieben.

* *Einzahlungen der Beiträge an die Krankenkasse* spätestens am 15. des Folgemonats, bei Kleinbetrieben innerhalb von 17 Tagen nach Übergang der Beitragsvorschreibung an die Post.

* *Führung und Bereitstellung von Unterlagen* (Beitragsgrundlagennachweis, z. B. aufgeschlüsselte Lohnkonten). Am Jahresende sind die Beitragsgrundlagen für die Pensionsversicherung der Krankenkasse zu melden.

* *Führung von Statistiken.*

Wann besteht ein Anspruch auf Abfertigung?

Angestellte und Arbeiter haben Anspruch auf Abfertigung, wenn das Dienstverhältnis mindestens 3 Jahre dauerte und beträgt das zweifache Monatsgehalt. Sie steigt (gestaffelt) bei 25 Dienstjahren auf ein Jahresgehalt.

Wie wird die Abfertigung abgabenrechtlich behandelt?

Sozialversicherung: beitragsfrei
Lohnsteuer: fester Satz (ohne Freibetrag und Sechstelgrenze) oder Lohnsteuer des laufenden Bezuges x Vervielfältigungszahl (Abfertigung: laufenden Bezug). Die Methode mit der geringeren Lohnsteuer ist zu wählen.

Um welche Abgabe handelt es sich beim Dienstgeberbeitrag zum Ausgleichsfonds für Familienbeihilfen und wie wird sie berechnet?

Diese Bundesabgabe dient hauptsächlich zur Abdeckung der Familienbeihilfen.
Berechnung: Beitragsgrundlage ist die Summe der Bruttobezuge (abzüglich Abfertigungen usw.). Der Beitrag beträgt 4,5 % der Beitragsgrundlage (auf Cent gerundet).
Gleichzeitig wird mit dem DB noch ein Zuschlag zum Dienstgeberbeitrag als Kammerumlage eingehoben.
Einzuzahlen ist der DB bis spätestens 15. des Folgemonats zusammen mit der Lohnsteuer an das Betriebsfinanzamt.

Wie wird die Kommunalsteuer berechnet und abgeführt?

Berechnungsgrundlage sind die Bruttobezüge (abzüglich bestimmter Absetzbeträge). Die Steuer bis zum 15. des Folgemonats an die Gemeinde. Eine Steuererklärung ist bis 31. März des folgenden Jahres abzugeben. Sie beträgt normalerweise 3 %.

Was versteht man unter Sonderzahlungen?

Die wichtigsten Sonderzahlungen sind die Weihnachtsremuneration, die Urlaubsbeihilfe und Bilanzgelder.

Was ist bei der Abrechnung von Sonderzahlungen zu beachten?

Sozialversicherung:
eigene Höchstbeitragsgrundlage,
Kammerumlage und Wohnbauförderungsbeitrag werden nicht berechnet, SV mindert LSt-Bemessungsgrundlage der Sonderzahlung.

Lohnsteuer:
Freibetrag von EUR 620,– SV-Beitrag, danach wird der feste Steuersatz von 6 % angewendet.

Wie ist die Wiener Dienstgeberabgabe (U-Bahn-Steuer) geregelt?

Die U-Bahn-Steuer beträgt EUR 0,72 je angefangene Woche und je Dienstnehmer und ist vom Arbeitgeber bis zum 15. des darauffolgenden Monats an die Wiener Stadtkasse zu zahlen.

Was sind Kollektivverträge? Wer darf sie abschließen?

Kollektivverträge sind beim Einigungsamt hinterlegte Vereinbarungen zwischen den kollektivvertragsfähigen Berufsvertretungen der Arbeitnehmer und der Arbeitgeber.

Kollektivvertragsfähig sind z. B. die Kammern, die freiwilligen Interessenvertretungen (ÖGB, Vereinigung Österr. Industrieller), juristische Personen des öffentlichen Rechts usw.

Nennen Sie wichtige Bereiche, die durch Kollektivverträge geregelt werden!

Wichtige Bereiche, die durch Kollektivverträge geregelt werden sind: die vertragsschließenden Parteien, der Geltungsbereich, die Geltungsdauer, die Normalarbeitszeit, die Überstunden-, Sonn- und Feiertagsarbeit, Abfertigung, Sonderzahlungen, Mindestgehälter (Mindestlöhne), Lehrlingsentschädigungen, Anrechnungen usw.

Was sind Betriebsvereinbarungen und was wird durch sie geregelt?

Betriebsvereinbarungen sind zwischen Betriebsleitung und Betriebsrat geschlossene Vereinbarungen, die z. B.

- die Einführung von Akkord- und Prämienlohn;
- die Arbeitszeit und die Pausen;
- die Art der Entlohnung (Zeitpunkt, Barauszahlung oder Überweisung) usw. regeln.

Was sind Dienstverträge und wann ist ihr Abschluss notwendig?

Dienstverträge sind zwischen Arbeitgeber und Arbeitnehmer abgeschlossene Arbeitsverträge. Der Abschluss eines Arbeitsvertrages ist notwendig,

- wenn für diese Berufsgruppe kein Kollektivvertrag besteht;
- bei Bestehen eines Kollektivvertrages, wenn ein Arbeitnehmer günstigere Bedingungen vereinbart.

Beachten Sie: Ein Arbeitsvertrag darf keine ungünstigeren Bedingungen enthalten als der entsprechende Kollektivvertrag.

Nennen Sie einige Abgaben (und deren Zahlungstermine), die der Arbeitgeber abzuführen hat!

- An die zuständige Krankenkasse:
  Gesamtsumme der SV-Beiträge: 15. des Folgemonats.
- An das Betriebsfinanzamt:
  Lohnsteuer, Dienstgeberbeitrag, Zuschlag zum Dienstgeberbeitrag: spätestens am 15. des Folgemonats.
- An die Gemeinde
  Kommunalsteuer: spätestens am 15. des Folgemonats.
- Gemeinde Wien:
  U-Bahn-Steuer: bis 15. des Folgemonats.

Definieren Sie den Begriff „Werbung"!

Mit dem Begriff „Werbung" bezeichnet man alle Maßnahmen, die den Menschen veranlassen, freiwillig bestimmte Handlungen vorzunehmen.

Nennen Sie Arten der Wirtschaftswerbung!

Die Wirtschaftswerbung umfasst:

- die Absatzwerbung mit dem Ziel, den Absatz zu fördern;
- die Meinungsbildung (Public Relations) mit dem Ziel, Vertrauen für das Unternehmen zu bilden.

Was wird in der Werbung mit „Propaganda" bezeichnet?

Propaganda ist Werbung mit religiösen und/oder politischen Zielen.

Nennen Sie Werbeziele!

Werbeziele sind u. a.:

- Bedarfsweckung für neue Produkte;
- Bedarfsausweitung für Produkte, die bereits auf dem Markt sind;
- Bedarfslenkung, d. h., ein vorhandener Bedarf soll auf ein bestimmtes Produkt gelenkt werden.

Wann spricht man von Einzelwerbung und wann von Gemeinschaftswerbung?

- *Einzelwerbung* ist Werbung für ein bestimmtes Produkt (Marke) bzw. für ein Unternehmen.
- *Gemeinschaftswerbung* ist Werbung einer Gruppe von Unternehmungen bzw. einer ganzen Branche (z. B. durch Wirtschaftsverbände, Innungen).

Unterscheiden Sie die Begriffe „Werbemittel" und „Werbeträger"!

Werbeträger sind jene technischen Mittel, die die Werbemittel an den Umworbenen herantragen, z. B.:

- Werbeträger Zeitung – Werbemittel Inserat,
- Werbeträger Fernsehen – Werbemittel Film.

Nennen Sie Argumente für und gegen die Werbung!

Für die Werbung werden u. a. folgende Argumente genannt:
Die Werbung informiert den Kunden, führt durch höhere Stückzahlen zur Verbilligung des Produktes.

Gegen die Werbung werden u. a. folgende Argumente vorgebracht:
Die Werbung verführt zum Kauf von Gütern, die nicht benötigt werden, führt zur Unzufriedenheit, zum künstlichen Veralten von Gütern und verteuert die Produkte.

Nennen Sie Werbemittel (Werbungsbotschaften) und ihre Gestaltungsformen!

- Die Sprache als Werbemittel: z. B. Verkaufsgespräch, Vorführung.
- Die Schrift als Werbemittel: z. B. Werbebrief, Katalog, Inserat.
- Das Bild als Werbemittel: z. B. Foto, Plakat, Film.
- Die Ware als Werbemittel: z. B. Schaufenster, Messen, Verpackung.
- Sonstige Leistungen als Werbemittel: z. B. Rabatte, Geschenke, Kundendienst.

Beschreiben Sie den Begriff „Marketing"!

Unter Marketing versteht man alle Maßnahmen eines Unternehmens, die geeignet sind, neue Märkte für Produkte zu erschließen, wie z. B. die Marktforschung, die Sortimentsgestaltung, die Produktgestaltung, die Preisgestaltung, die Absatzplanung, die Absatzorganisation, die Werbung. Werden diese Maßnahmen systematisch und aufeinander abgestimmt eingesetzt, so spricht man von Marketing.

Welche Aufgaben hat die Marktforschung für ein Unternehmen zu erfüllen?

Die Marktforschung soll dem Unternehmen Grundlagen über die Marktverhältnisse verschaffen. Untersucht werden z. B. die Käuferstruktur (Kaufkraft, Einkommen, Geschlecht, Alter usw.), die Konkurrenz, die Kaufmotive.

Welche Methoden der Marktforschung kennen Sie?

- *Marktanalyse:* Die Marktsituation wird zu einem bestimmten Zeitpunkt erhoben.
- *Marktbeobachtung:* Die Marktentwicklung wird über einen bestimmten Zeitraum beobachtet, dadurch werden „Trends" erkennbar.

Welcher Informationsquellen bedient sich die Marktforschung?

- Bei der *Feldforschung* (Primärerhebung) werden Informationen durch Befragung, Experiment und Beobachtung gewonnen.
- Bei der *Schreibtischforschung* (Sekundärerhebung) wird statistisches Material (Buchhaltung, Werbestatistiken, Wirtschaftsberichte, Berichte von Verbänden usw.) ausgewertet.

Welche Berufsgruppen können in einem Marketingteam vertreten sein?

Ein Marketingteam umfasst u. a. Vertreter der Unternehmensleitung, Soziologen, Psychologen, Werbefachleute, Techniker, Betriebswirtschafter, Verkäufer, Designer.

Die Betriebsorganisation

Die Organisation gliedert sich in Aufbau- und Ablauforganisation. Erklären Sie diese Begriffe!

Die Aufbauorganisation legt die Abteilungen und Stellen sowie die Weisungsbefugnis fest.

Die Ablauforganisation regelt die Arbeitsabläufe.

Erklären Sie das Ein- und Mehrliniensystem!

Beim *Einliniensystem* sind alle Personen in einen einheitlichen Befehlsweg eingegliedert, der von der Unternehmensleitung bis zum letzten Arbeitnehmer reicht, d. h., ein Arbeitnehmer erhält in allen Fällen nur von seinem unmittelbaren Vorgesetzten die Anweisungen.

Wird einer Linienstelle ein beratender Stab angegliedert (z. B. Rechtsabteilung, Organisationsabteilung, Revision), so spricht man von einem Stabliniensystem.

Beim *Mehrliniensystem* sind die Befehlswege entsprechend der Funktionen der Abteilungen aufgeteilt, d. h., eine Stelle kann von mehreren Stellen Anweisungen bekommen. Auch hier sind Stabstellen möglich.

Nennen Sie Vor- und Nachteile des Ein- bzw. Mehrliniensystems!

- *Einliniensystem*
    - Vorteile des Einliniensystems sind u. a.:
    Klarer und straffer Aufbau, die Anweisungen kommen immer von derselben Stelle, Kompetenzschwierigkeiten (Zuständigkeitsschwierigkeiten) werden vermieden.
    - Nachteile des Einliniensystems:
    Schwerfällig und langsam, Überbelastung der Unternehmensleitung.

- *Mehrliniensystem*
    - Vorteile des Mehrliniensystems:
    Rasche Abwicklung der Routinearbeit, Arbeitskräfte werden zu Spezialisten.
    - Nachteile des Mehrliniensystems:
    Die Leiter einer Stelle müssen die Unternehmensleitung informieren, bei nicht exakter Anweisungsbefugnis kann es zu Kompetenzüberschneidungen kommen, d. h., es erklären sich mehrere oder auch niemand für eine Sachfrage zuständig.

Welche Aufgaben erfüllt das Informationswesen?

Informationen (Daten) sind Wissen (z. B. über Menschen, Sachen), die gesammelt und aufbereitet die Grundlage für Anweisungen bilden, um einen reibungslosen Betriebsablauf zu sichern.

Die Datenverarbeitung durchläuft folgende Phasen:
- Sammeln und Speichern der Informationen,
- Bearbeiten und Aufbereiten der Informationen,
- Anwendung und Weitergabe der Informationen.

Beschreiben Sie die Aufgaben der Ablage (Registratur)!

Aufgaben der Registratur sind:

- das Sammeln von Schriftstücken,
- das Ordnen der Schriftstücke,
- die Verwahrung der Schriftstücke.

Wie lange müssen Geschäftspapiere aufbewahrt werden?

Jeder Kaufmann ist verpflichtet, seine Geschäftspapiere sieben Jahre lang geordnet aufzubewahren (HGB §§ 38–44).

Nach welchen Gesichtspunkten können Schriftstücke geordnet und abgelegt werden?

Schriftstücke können u. a.

- nach dem Alphabet,
- nach sachlichen Gesichtspunkten,
- chronologisch (d. h. nach Datum oder Zeit),
- nach geografischen Gesichtspunkten,
- nach Namen

abgelegt werden.

Meist werden verschiedene Ordnungsmethoden miteinander kombiniert.

Nennen Sie Arten und Hilfsmittel der Ablage!

Abgelegt werden Schriftstücke in/auf

- *Ordnern:* Sie werden stehend im Regal aufbewahrt.
- *Schnellheftern* (Mappen): Sie können übereinander liegend (Flachablage), vertikal hintereinander auf Metallschienen hängend (Hängeablage) oder seitlich nebeneinander hängend (Pendelablage) aufbewahrt werden.
- *Mikrofilm*: Die Schriftstücke werden, extrem verkleinert fotografiert, aufbewahrt.

Die Lagerhaltung

Warum benötigen Unternehmen Lager?

Unternehmen benötigen Lager, da sich Warenbeschaffung, Fertigung und Absatz der Waren zeitlich und mengenmäßig nicht aufeinander abstimmen lassen.

So werden z. B. Lager eingerichtet, um

- Unregelmäßigkeiten am Beschaffungsmarkt auszugleichen, z. B. Lieferschwierigkeiten, saisonelle Schwankungen, verkehrstechnische Störungen.
- Kostenvorteile durch Großeinkäufe zu erhalten, z. B. Rabatte, geringere Transport-, Manipulations- und Verpackungskosten.
- Kapazitätsunterschiede verschiedener Produktionsstufen auszugleichen.
- den Produkten die nötige Produktionsreife zu verleihen, z. B. Trocknung von Holz, Reifung von Käse und Wein.
- für die Abnehmer ein entsprechendes Sortiment bereitstellen zu können.
- eine gleichmäßige Beschäftigung trotz unterschiedlichen Absatzes zu erreichen.

Welche Arbeiten sind im Lager durchzuführen?

Wichtige Arbeiten im Lager sind:

- die Überwachung des Wareneinganges, z. B. Auspacken und Prüfen der Waren, Vergleich der Waren mit den Lieferpapieren;
- die Pflege der Waren, der Lagereinrichtung, das Ausscheiden verdorbener Waren usw.;
- die Ausgabe der Ware gegen entsprechende Belege, z. B. Warenentnahmeschein, Lieferschein, Kassenzettel;
- die Kontrolle des Lagers, insbesondere die Prüfung der Menge und der Qualität.

Nennen und beschreiben Sie verschiedene Lagerarten!

Lagerarten sind:

- Im Bereich der *Beschaffung*:

  z. B. Rohstoff-, Hilfsstoff-, Betriebsstofflager, Lager für Werkzeuge, Ersatzteillager.

  Diese Lager sollen die Produktion mit Material versorgen.

- Im Bereich der *Fertigung*:

  z. B. Zwischenlager (für unfertige Produkte), Überfließlager (für zeitweilige Überschussmengen), Ersatzteil- und Werkzeuglager.

- Im Bereich des *Absatzes*:

  z. B. Lager für fertige Erzeugnisse, Verpackungsmittel, Kommissionswaren.

Erklären Sie die Begriffe Höchstbestand, Meldebestand und eiserner Bestand!

Der *Höchstbestand* ist jener Bestand, der aus wirtschaftlichen Gründen nicht überschritten werden soll.

Der *Meldebestand* ist jener Bestand, bei dessen Erreichung die Nachbestellung eingeleitet wird. Der Meldebestand errechnet sich aus Tagesverbrauch x Lieferzeit + eiserner Bestand.

Der *eiserne Bestand* ist eine Reserve für außerordentliche Fälle, d. h. bei normalem Betriebsgeschehen dürfte er nicht angetastet werden.

Welche Faktoren sind bei der Bestimmung der optimalen Bestellmenge zu beachten?

- Für ein *kleines Lager* sprechen u. a. folgende Faktoren:

  Zinskosten (totes Kapital), Lagerkosten, Risiko des Verderbs und der Preisentwicklung.

- Für ein *großes Lager* sprechen u. a. folgende Faktoren:

  Niedere Beschaffungspreise, Rabatte, günstigere Transporttarife, geringere Manipulationskosten, höhere Betriebssicherheit.

Bei der Ermittlung der optimalen Bestellmenge sind diese Faktoren entsprechend zu berücksichtigen, wobei zusätzlich noch auf Faktoren wie die Mindestabgabemengen, Transportraum und Transportmöglichkeiten und nicht zuletzt auf die Finanzierungsmöglichkeit zu achten ist.

Beschreiben Sie die Lagerbuchhaltung! Welche Daten sind daraus ersichtlich?

Die Lagerkartei (Lagerbuchhaltung) ist ein Nebenbuch für die Warenkonten des Hauptbuches und wird zweckmäßigerweise in Karteiform bzw. über eine EDV-Anlage geführt.

Für jede Warenart wird eine eigene Karte angelegt, aus der die Artikelbezeichnung, Artikelnummer, Lagerbezeichnung, Regal- und Fachbezeichnung, Melde-, Höchst- und eiserner Bestand, Zugänge, Abfassungen und der momentane Bestand ersichtlich sind.

Wie werden der durchschnittliche Lagerbestand und die Umschlagshäufigkeit errechnet und was sagen diese Kennziffern aus?

Der durchschnittliche Lagerbestand wird näherungsweise durch die Formel

$$\frac{\text{Jahresanfangsbestand} + \text{Jahresendbestand}}{2}$$

oder genauer durch die Formel

$$\frac{\text{Jahresanfangsbestand} + 12 \text{ Monatsendbestände}}{13}$$

berechnet.

Der durchschnittliche Lagerbestand ist der im Durchschnitt in einem Geschäftsjahr vorhandene Lagerbestand.

Die Umschlagshäufigkeit wird mit der Formel

$$\frac{\text{Warenumsatz zu Einstandspreisen (WES)}}{\text{durchschnittlicher Lagerbestand}}$$

berechnet. Sie gibt an, wie oft im Jahr der durchschnittliche Lagerbestand umgesetzt wird.

Die Produktion

Nennen und beschreiben Sie die Aufgaben der Fertigungsvorbereitung (Arbeitsvorbereitung)!

Aufgabe der Arbeitsvorbereitung ist es, die Aufträge werkstattreif vorzubereiten. Der Ablauf in der Arbeitsvorbereitung gliedert sich in folgende Aufgabenbereiche:

- *Fertigungsplanung:*
  Festlegung der Arbeitsabläufe, Ermittlung der Vorgabezeiten, Auswahl der geeigneten Lohnformen, Erstellung der Maschinenbelegungspläne, Planung des Personal-, Betriebsmittel- und Materialbedarfes usw.

- *Fertigungssteuerung:*
  Bereitstellung von Betriebsmitteln, Werkstoffen und Arbeitskräften, Überwachung des Arbeitsfortschrittes und der Termine usw.

- *Erstellung der nötigen Arbeitsunterlagen,* wie z. B. Konstruktionszeichnungen, Stücklisten, Arbeitspläne, Laufkarten, Materialentnahmescheine usw.

Wie können die verschiedenen Fertigungsverfahren gegliedert werden a) nach dem Fertigungsablauf (der Betriebsorganisation), b) nach der Zahl der hergestellten Produkte?

a) Nach dem *Fertigungsablauf* unterscheidet man:
   Werkstättenfertigung, Gruppenfertigung und Fließfertigung.

b) Nach der *Zahl der hergestellten Produkte* unterscheidet man:
   Einzelfertigung und Mehrfachfertigung (Sorten-, Serien- und Massenfertigung).

Wie unterscheiden sich Werkstätten-, Gruppen- und Fließfertigung?

- Bei der *Werkstättenfertigung* sind die Maschinen in Werkstätten zusammengefasst, z. B. Dreherei, Fräserei, Gießerei usw.

- Bei der *Gruppenfertigung* werden die zur Herstellung eines Teilerzeugnisses benötigten Maschinen in Gruppen zusammengefasst, z. B. Motorbau, Getriebebau, Montage usw.

- Bei der *Fließfertigung* sind die Maschinen entsprechend dem Arbeitsablauf angeordnet, d. h. die Transportwege sind minimal.

Beschreiben Sie die Fertigungstypen Einzel- und Mehrfachfertigung!

Bei der Einzelfertigung wird meist nur eine Einheit aufgrund einer Bestellung herstellt, z. B. im Brückenbau, im Schiffsbau, im Anlagenbau, im Handwerk usw.

Bei der Mehrfachfertigung unterscheidet man:

- *Serienfertigung:* gleichartige Produkte werden in begrenzter Stückzahl nach-(neben-)einander hergestellt, z. B. Autos ...
- *Sortenfertigung*: verschiedene, verwandte Produkte aus gleichen Ausgangsrohstoffen werden in großer Zahl nebeneinander (oft in Fließfertigung) hergestellt, z. B. Bier, Stahlprofile ...
- *Massenfertigung*: unbegrenzte Stückzahl eines stets gleichbleibenden Produktes wird hergestellt, z. B. Zement, Ziegel ...

Was versteht man unter Rationalisierung?

Unter Rationalisierung sind alle Maßnahmen (wie z. B. leistungsfähigere Maschinen, bessere Betriebsorganisation, Normung, Verbesserung der Mitarbeiterausbildung) zu verstehen, die entweder die Leistung steigern und/oder die Kosten senken.

Wann spricht man vom Mechanisierung und wann von Automation?

Bei der Mechanisierung wird die Handarbeit durch Maschinenarbeit ersetzt. Dadurch nimmt der körperliche Arbeitsaufwand ab, der Mensch plant, regelt und kontrolliert den Produktionsablauf.

Bei der Automation werden die Produkte durch Automaten gefertigt, transportiert und durch Steuergeräte kontrolliert und korrigiert. Der Mensch kontrolliert nur noch die Funktionsfähigkeit der gesamten Anlage.

Was sind Normen und welchen Geltungsbereich haben sie?

Durch Normung werden Einzelteile (z. B. in Größe, Form, Qualität, Prüfmethoden) vereinheitlicht. Nach dem Geltungsbereich unterscheidet man: Internationale Normen (z. B. Euro-Normen), nationale Normen (z. B. ÖNORM, DIN-Norm), Werksnormen.

Welche Produkte werden genormt und welche werden typisiert?

Genormt werden Einzelteile, typisiert werden Endprodukte.

Beispiele für genormte Produkte sind z. B. Schrauben, Bleche, Papierformate, elektrische Bauteile usw.

Beispiele für typisierte Produkte sind z. B. Autos, Flugzeuge, Radio- und Fernsehgeräte, Sportartikel usw.

Welche Probleme bringt die Automation mit sich?

Die quantitative und qualitative Produktionssteigerung bringt u. a. folgende Probleme mit sich:

- *Soziale Probleme*, wie z. B. Berufs- und Tätigkeitsveränderungen (z. B. von der Fertigung in die Planung, Steuerung, Vertrieb usw.), Einkommensverschiebungen, Freisetzung von Arbeitskräften.
- *Absatzprobleme*, wie z. B. Gewinnung neuer Märkte, da die Automation Massenfertigung mit entsprechendem Absatz voraussetzt, um rentabel zu sein.
- *Finanzierungsprobleme:* Transferstraßen sind Spezialanlagen, die hohen Kapitaleinsatz (Zinsen) fordern.
- *Kostenprobleme:* Der Fixkostenanteil ist durch die hohen Investitionskosten groß. Nur bei sehr großen Stückzahlen ergeben sich geringe Stückkosten.
- *Geringe Flexibilität*, d. h., der Betrieb ist nicht in der Lage, sich auf Modeänderungen oder gar individuelle Wünsche rasch einzustellen.

Erklären Sie die Begriffe Wirtschaftlichkeit, Produktivität und Rentabilität!

$$\text{Wirtschaftlichkeit} = \frac{\text{Ertrag}}{\text{Aufwand}}$$

Die Wirtschaftlichkeit zeigt, inwieweit das Wirtschaftlichkeitsprinzip eingehalten wurde. Das Wirtschaftlichkeitsprinzip besagt:

- mit geringsten Mitteln ist eine bestimmte Leistung zu erbringen (MINIMALPRINZIP) oder
- mit gegebenen Mitteln ist eine maximale Leistung zu erbringen (MAXIMALPRINZIP).

$$\text{Produktivität} = \frac{\text{Leistung (Menge in kg, Stück usw.)}}{\text{Einsatz (Material, Arbeitszeit, Produktionsmittel)}}$$

Die Produktivität zeigt die mengenmäßige Ergiebigkeit der Leistungserstellung.

Bei der Rentabilität unterscheidet man:

$$\text{Eigenkapitalrentabilität} = \frac{\text{Gewinn} \times 100}{\text{Eigenkapital}}$$

$$\text{Gesamtkapitalrentabilität} = \frac{(\text{Gewinn} + \text{Zinsen}) \times 100}{\text{Gesamtkapital}}$$

$$\text{Umsatzrentabilität} = \frac{\text{Gewinn} \times 100}{\text{Verkaufserlöse}}$$

Die Rentabilität gibt die Verzinsung des Kapitals an.

Der Absatz

Welche Mittel der Absatzpolitik (absatzpolitisches Instrumentarium) stehen den Betrieben zur Verfügung, um die erstellte Leistung absetzen zu können?

Das absatzpolitische Instrumentarium umfasst:

* die *Preispolitik,* d. h. die Festsetzung des gewünschten Preises;
* die *Produktpolitik*, d. h. die Weiterentwicklung alter bzw. die Neuentwicklung von Produkten entsprechend der Marktsituation,
* die *Vertriebspolitik*, d. h. die Festlegung der Absatzmethoden,
* die *Werbepolitik*, d. h. Absatzwerbung (Sales Promotion) bzw. vertrauensbildende Werbung zum Unternehmen (Public Relations).

Nennen Sie Faktoren, die die Preispolitik eines Unternehmens bestimmen!

Grundsätzlich ist die Preispolitik abhängig von/vom:

* der Zahl der Mitbewerber, deren Stärke und Marktverhalten;
* Verhalten der Käufer;
* der Marktform;
* der Kostensituation des Betriebes;
* staatlichen Preisvorschriften usw.

Beschreiben Sie die Marktformen „Monopol", „Oligopol" und „Polypol"!

Ist nur ein Anbieter am Markt, so spricht man von einem *Angebotsmonopol*.

Sind nur wenige Anbieter am Markt, so spricht man von einem *Angebotsoligopol*.

Bei einer großen Zahl von Anbietern spricht man von Wettbewerb oder *Angebotspolypol*.

Analog wird die Nachfrageseite benannt:
Nachfragemonopol, Nachfrageoligopol, Nachfragepolypol.

Die Möglichkeit, die Preisbildung zu beeinflussen, ist umso größer, je näher man der Monopolsituation kommt.

Erklären Sie den Begriff „Preisdifferenzierung"!

Preisdifferenzierung bedeutet, dass das gleiche Gut zu verschiedenen Preisen verkauft wird. Damit sollen verschiedene Käuferschichten angesprochen und deren Kaufkraft ausgeschöpft werden.

Arten der Preisdifferenzierung:
- räumlich: z. B. Inland – Ausland;
- zeitlich: z. B. Sommer- und Winterpreise, Saison- und Außersaisonpreise;
- mengenmäßig: z. B. Mengenrabatt;
- nach der Verwendung: z. B. unterschiedliche Strompreise für Haushalt und Industrie.

Welche Entscheidungen muss ein Betrieb im Rahmen der Produktpolitik (Produkt- und Sortimentsgestaltung) treffen?

- Festlegung der Art und der Zahl der anzubietenden Produkte.
- Verbesserung alter und Entwicklung neuer Produkte.
- Entscheidungen über Zusatzleistungen (Service, Schulung, Garantie usw.).

Beschreiben Sie den indirekten und direkten Absatz!

- Beim *indirekten Absatz* sind zwischen Erzeuger und Verbraucher selbstständige Handelsbetriebe eingeschaltet (z. B. Groß- und Einzelhändler, Handelsvertreter, Kommissionäre usw.).
- Beim *direkten Absatz* bietet der Erzeuger Letztverbrauchern unmittelbar seine Erzeugnisse an (z. B. durch Reisende, Filialen, Verkaufsbüros, durch die Verkaufsabteilung usw.).

Welche Aufgaben erfüllt der Handel?

- Räumliche Funktion, d. h. die Bereitstellung der Ware am richtigen Ort;
- Zeitliche Funktion, d. h. zeitlichen Ausgleich zwischen Produktion und Verbrauch z. B. durch Lagerung;
- Quantitätsfunktion, d. h. Aufteilung der vom Erzeuger gelieferten Großmengen in Haushaltsmengen;
- Qualitätsfunktion, d. h. Qualitätsänderung z. B. durch Mischen;
- Beratungs- und Informationsfunktion;
- Funktion der Sortimentsbildung, d. h. Produkte verschiedener Erzeuger zu einem Sortiment zusammenfassen.

Was versteht man unter der Breite bzw. der Tiefe des Sortiments?

- *Breite des Sortiments* = Zahl der Produktgruppen (Autos, Radios usw.)
- *Tiefe des Sortiments* = Zahl der Ausführungen eines Produktes (z. B. Größen, Farben, Sorten).

Wie können Handelsbetriebe eingeteilt werden?

Handelsbetriebe werden eingeteilt in:
- *Binnenhandelsbetriebe* – Einzelhandel und Großhandel;
- *Außenhandelsbetriebe.*

Nennen und beschreiben Sie wichtige Betriebsformen des Einzelhandels!

- Das *Fachgeschäft* – es bietet eine große Auswahl artverwandter Produkte (z. B. Sportartikel).
- Das *Gemischtwarengeschäft* – es bietet eine geringe Auswahl unter vielen verschiedenen Produkten (Lebensmittel, Textilien, Metallwaren usw.).
- Das *Warenhaus* – es bietet ähnlich wie das Gemischtwarengeschäft viele verschiedene Produkte an.
- Das *Kaufhaus* – im Kaufhaus sind viele Fachgeschäfte zu einem einheitlichen Betrieb zusammengefasst.

Nach der Verkaufsorganisation unterscheidet man:
Selbstbedienungsläden, Supermarkets (Einkaufszentren), Verbrauchermärkte, Discountgeschäfte, Versandgeschäfte, Filialgeschäfte.

Wann spricht man von einem Großhandelsbetrieb?

Ein Großhandelsbetrieb liefert Waren ohne wesentliche Änderung an Verarbeiter, Wiederverkäufer oder an Großverbraucher.

Welche Arten von Großhandelsbetrieben sind in Österreich üblich?

Übliche Großhandelsbetriebe sind:

- Der *Aufkaufgroßhandel* – er kauft Güter (z. B. Erntegüter) und verkauft sie an die weiterverarbeitende Industrie.
- Der *Produktionsverbindungsgroßhandel* – er verbindet zwei Produktstufen (z. B. Holzgroßhändler beliefert eine Möbelfabrik).
- Der *Absatzgroßhandel*

  Nach dem Sortiment unterscheidet man:

  – Sortimentsgroßhandel (z. B. Lebensmittelgroßhandel),

  – Spezialgroßhandel (z. B. Weingroßhandel).

  Nach der Betriebsform unterscheidet man:

  – Zustellgroßhandel – er beliefert Einzelhändler,

  – Abholgroßhandel – der Einzelhändler holt die Waren selbst ab,

  – Cash-and-Carry – Selbstbedienungs-Großhandel.

- Der *Regalgroßhandel* (Rack Jobber) – große Einzelhändler stellen den Großhändlern Regalflächen zur Verfügung.

Absatzförderung durch zentrale Märkte

Was versteht man unter einem Markt (im ursprünglichen Sinn) und welche Arten von Märkten gibt es?

Bei einem Markt im ursprünglichen Sinn handelt es sich um eine Veranstaltung auf einem genau bestimmten Gebiet, zu bestimmten Zeiten, bei der sich Käufer und Verkäufer treffen, um Warengeschäfte abzuschließen.

Arten von Märkten sind:

- Jahr-, Wochen- und Tagesmärkte,
- Großmärkte und Detailmärkte,
- Sondermärkte (z. B. Pferde-, Fisch-, Blumenmärkte).

Was sind und welche Bedeutung haben Auktionen?

Auktionen (Versteigerungen) sind Veranstaltungen, bei denen Waren, die besichtigt werden können, an den Meistbietenden mittels Zuschlags verkauft werden.

Lizitationsformen sind Aufwärtslizitation und Abwärtslizitation.

Auktionen sind vor allem bei verderblichen Waren (Fisch, Blumen, Obst) von Bedeutung. Bedeutend sind auch die Woll- und Pelzauktionen sowie Kunstauktionen.

Beschreiben Sie die öffentliche Ausschreibung!

Bei öffentlichen Ausschreibungen (meist durch Bund, Länder, Gemeinden) werden Aufträge öffentlich zur Vergabe ausgeschrieben. Die Anbieter können aufgrund der Ausschreibungsbedingungen ihre Anbote erstellen. Sie treten dabei in scharfen Wettbewerb, um den „Zuschlag", d. h. den Auftrag, zu bekommen.

Was sind Messen und welche Aufgaben erfüllen sie in der modernen Wirtschaft?

Messen sind Veranstaltungen in regelmäßigen Zeitabständen am gleichen Ort mit einem umfassenden Angebot eines oder mehrerer Wirtschaftszweige. Dabei haben Messebesucher die Möglichkeit, sich zu informieren (z. B. Waren- und Preisvergleich) bzw. Kaufabschlüsse auf spätere Lieferung zu tätigen.

Messen werden eingeteilt in:

- *Mehrbranchenmessen,* wie z. B. die Wiener Internationale Messe, die Leipziger Frühjahrs- und Herbstmesse.
- *Fachmessen*, wie z. B. die IFABO, die Internationale Spielwarenmesse Nürnberg.

Welche Bedeutung haben Ausstellungen und wodurch unterscheiden sie sich von Messen?

Ausstellungen sollen die Leistungsfähigkeit eines Wirtschaftszweiges (bzw. Wirtschaftsraumes) darstellen. Zum Unterschied von Messen finden Ausstellungen fallweise statt. Ausstellungen können der Information dienen, wie z. B. eine Ausstellung über historische Waffen oder der Förderung von Geschäftsabschlüssen, wie z. B. Fremdenverkehrsausstellungen.

Erklären Sie den Begriff „Börse"!

Die Börse ist der Markt, an dem sich Kaufleute regelmäßig treffen, um Geschäfte über „abwesende" Waren, Wertpapiere, Devisen usw. abzuschließen.

Welche Voraussetzungen müssen Waren aufweisen, damit sie börsenfähig sind?

Geeignet für den Handel an der Börse sind vertretbare (fungible) Waren, d. h., die Waren sind durch Typenmuster bzw. Standards in ihrer Qualität eindeutig bestimmt. Beispiele für börsenfähige Waren sind Zucker, Getreide, Metalle, Baumwolle, Kaffee.

Welche Arten von Warenbörsen kann man unterscheiden?

Man unterscheidet:

- *Allgemeine Warenbörsen*, z. B. für landwirtschaftliche Produkte.
- *Spezialbörsen*, z. B. NE-Metallbörse London, Zuckerbörse Hamburg, Baumwollbörse New York.

Welche Geschäfte werden an Warenbörsen abgeschlossen?

- *Effektivgeschäfte*, d. h., Geschäftsabschlüsse in der Absicht, die Ware tatsächlich zu liefern und zu bezahlen.
- *Termingeschäfte*, d. h., es wird spekuliert. Der Kauf wird für einen späteren Termin abgeschlossen. Termingeschäfte werden abgeschlossen, um das Kursrisiko auszuschließen, die Produktion mit Rohstoffen abzusichern usw.

Nennen Sie Börsenarten, die es neben der Warenbörse noch gibt, und beschreiben Sie deren Aufgaben!

Neben der Warenbörse gibt es u. a. noch:

- Die *Frachtbörse*. Durch Makler wird der Abschluss von grenzüberschreitenden Frachtgeschäften zwischen Verfrachtern und Frachtführern vermittelt.
- Die *Versicherungsbörse*. Makler vermitteln Versicherungsabschlüsse (meist Seetransportversicherungen) zwischen Versicherungsnehmern und Versicherern.
- Die *Effektenbörse*. An der Effektenbörse werden nur ausdrücklich zugelassene Wertpapiere gehandelt.

Die Buchführung

Erklären Sie die Aufgaben der Buchführung!

Die Buchführung soll die betrieblichen Vorgänge zahlenmäßig erfassen, Erkenntnisse über die Vergangenheit und Entscheidungshilfen für die Zukunft liefern.

Welche Arten der Buchhaltung kennen Sie?

- *Doppelte Buchhaltung:*
  In der doppelten Buchhaltung werden nicht nur das Vermögen und die Schulden und deren Veränderungen, sondern auch der Erfolg (Aufwände und Erträge) erfasst. Der Gewinn/Verlust wird zweifach, einmal durch Vermögensvergleich (Gegenüberstellung des Vermögens und der Schulden) und durch die Erfolgsrechnung (Gegenüberstellung der Aufwände und Erträge) ermittelt.

- *Einnahmen-Ausgaben-Rechnung:*
  Vereinfachtes Buchhaltungssystem, das sich auf die Aufzeichnungen über die Zahlungsvorgänge beschränkt. Der Gewinn/Verlust ergibt sich durch Gegenüberstellung der Einnahmen und Ausgaben.

- *Aufzeichnungen im Rahmen der steuerlichen Pauschalierung.*

Welche Verrechnungsformen in der Buchhaltung kennen Sie?

- *Bestandsrechnung*: Verbuchung des Vermögens und der Schulden; indirekte Erfolgsermittlung durch Vermögensvergleich.

- *Erfolgsrechnung:* Verbuchung der Erträge und Aufwände; direkte Erfolgsermittlung durch Gegenüberstellung der Aufwände und Erträge.

Wer ist verpflichtet, eine doppelte Buchführung einzurichten?

- *Vollkaufleute*: Sie sind sowohl aufgrund handelsrechtlicher als auch aufgrund steuerrechtlicher Vorschriften verpflichtet, Bücher zu führen. Der Gewinn ist durch Vermögensvergleich festzustellen (= doppelte Buchhaltung).

- *Minderkaufleute*, die die Buchführungsgrenzen des § 125 BAO überschreiten, d. h.:
  – mehr Umsatz als EUR 400.000,– (Lebens- und Gemischtwarenhändler EUR 600.000,–);
  – wenn der Wert eines land- und forstwirtschaftlichen Betriebes EUR 150.000,– übersteigt.

Wer darf eine Einnahmen-Ausgaben-Rechnung führen?

Minderkaufleute (Kleingewerbetreibende), die die Grenzen des § 125 BAO nicht überschreiten.

Welche Bücher werden in der doppelten Buchhaltung im Allgemeinen geführt?

- *Journal:* Hier werden die Geschäftsfälle der zeitlichen (chronologischen) Reihenfolge entsprechend eingetragen.
- *Hauptbuch:* Hier werden alle Geschäftsfälle nach systematischer (inhaltlich gleicher) Ordnung erfasst. Gleichartige Geschäftsfälle werden zu Konten zusammengefasst.
- *Nebenbücher:* Sie dienen zu einer detaillierten Verrechnung von wichtigen Vermögenswerten, z. B. Kassabuch, Kundenkonten, Lieferantenkonten.
- *Hilfsbücher:* Sie erfüllen gewisse zusätzliche Aufgaben, z. B. Auftragsbücher, Spesenbücher, Provisionsbücher der Handelsvertreter.

Nennen und beschreiben Sie wichtige Bücher der Einnahmen-Ausgaben-Rechnung!

- *Kassabuch:* Aufzeichnungen über alle baren Geschäftsfälle;
- *Bankbuch:* Aufzeichnungen über alle Bewegungen auf dem Bankkonto;
- *Wareneingangsbuch:* Aufzeichnungen über alle Einkäufe von Waren, Rohstoffen, Hilfsstoffen, Halb- und Fertigerzeugnissen;
- *Anlagenverzeichnis:* Aufzeichnungen über alle Anlagengüter;
- *Lohnkonten;*
- *Inventuraufzeichnungen über die Warenbestände;*
- *Aufzeichnungen über die privaten Warenentnahmen;*
- *Umsatzsteuer- und Vorsteuerbuch* für die Erfassung der Umsatzsteuer.

Welche Verstöße gegen die Buchführungsvorschriften kennen Sie?

- *Verstoß gegen die Buchführungs- oder Aufzeichnungspflicht,* d. h., der Unternehmer führt überhaupt keine Bücher oder nicht jene, die zwingend vorgeschrieben sind.

- *Verstoß gegen die Vollständigkeits- oder Wahrheitspflicht,* d. h., der Unternehmer erfasst die Geschäftsfälle in ihrer zeitlichen Folge und in ihrer betragsmäßigen Höhe nicht richtig, gefälschte Belege bilden die Grundlage, Konten sind falsch oder irreführend bezeichnet, die wirtschaftliche Lage des Unternehmens wird in der Bilanz nicht richtig dargestellt.
- *Verstoß gegen die Formvorschriften.*
- *Verstoß gegen steuerliche Bestimmungen.*

Welche Folgen können aufgrund einer nicht ordnungsgemäßen Buchführung eintreten?

Je nach Art und Schwere des Verstoßes kann es
- zum Verlust steuerlicher Begünstigungen,
- zur Schätzung des Betriebsergebnisses,
- zur Aberkennung der dokumentarischen Beweiskraft,
- zur Schadenersatzpflicht,
- zu Geld- und Arreststrafen

kommen.

Nennen Sie wichtige Formvorschriften, die im Handelsgesetz (HBG) bzw. in der Bundesabgabenordnung (BAO) enthalten sind!

- Eintragungen müssen in der Zeitfolge geordnet, vollständig, richtig und zeitgerecht durchgeführt werden.
- Aus der Bezeichnung der Konten und Bücher sollen die verbuchten Geschäftsfälle erkennbar sein.
- Bei gebundenen Büchern sind die Seiten fortlaufend zu nummerieren, bei Aufzeichnungen auf losen Blättern ist ein Kontenregister anzulegen.
- Die Bücher sind im Inland und in einer lebenden Sprache zu führen.
- Leicht radierbare Schreibmittel dürfen nicht verwendet werden.
- Eintragungen dürfen nicht durch Durchstreichen (Radieren) unleserlich gemacht werden.
- Leere Zeilen sind zu entwerten (z. B. Buchhalternase).
- Bücher, Aufzeichnungen, Belege usw. sind 7 Jahre lang aufzubewahren.

Wie lange sind Bücher und andere Aufzeichnungen aufzubewahren?

Bücher, Aufzeichnungen und die dazugehörenden Belege sind 7 Jahre aufzubewahren. Die Frist beginnt mit Ende des Jahres, in dem die letzte Eintragung in die Bücher vorgenommen wurde.

Was ist die Inventur?

Unter Inventur versteht man die Tätigkeit der Aufnahme und Aufzeichnung aller Vermögensteile und Schulden, die zu einem bestimmten Zeitpunkt in einem Unternehmen vorhanden sind.

Was ist das Inventarium?

Das Inventarium ist das detaillierte Verzeichnis des Vermögens und der Schulden.

Welche Arten der Inventur kennen Sie?

- *Stichtagsinventur:* Die Bestandsaufnahme wird zu einem bestimmten Zeitpunkt durchgeführt.

- *Permanente Inventur:* Die Aufnahme der Bestände wird auf das ganze Jahr verteilt, so daß jeder Vermögensposten mindestens einmal jährlich kontrolliert wird.

- *Stichprobeninventur:* Großbetriebe (mit EDV-Lagerbuchführung) können die stichprobenweise überprüften Lagerbestände aus der Lagerbuchführung übernehmen.

Beschreiben Sie den Vorgang bei der Bestandsermittlung!

1. *Vorbereitungsarbeiten:*
   - Festlegung der Aufnahmeverfahren,
   - Vorbereitung der Inventurlisten,
   - Festlegung der Aufnahmezeiten.

2. *Aufnahme der Bestände:*
   - Die Aufzeichnung der Inventurergebnisse erfolgt in Uraufnahmelisten. Diese müssen enthalten: Ort des Lagers, Bezeichnung des Gegenstandes, vorhandene Menge, wenn möglich Preis.
   - Der Kassabestand ist durch Kassasturz festzustellen.
   - Der Stand des Bankkontos ergibt sich durch den Kontoauszug.
   - Der Stand der Forderungen und Verbindlichkeiten ist durch Aufstellung von Saldenlisten festzustellen.

- Der Bestand an Wechsel ist aufzunehmen und mit dem Wechselbuch zu vergleichen.
- Der Stand an Wertpapieren ist aufzunehmen und mit dem Effektenbuch zu vergleichen.

3. Auswertung:
- Reinschrift der Uraufnahmelisten (diese sind 7 Jahre lang aufzubewahren).
- Ausrechnung und Bewertung unter Beachtung der handels- und steuerrechtlichen Vorschriften.
- Ist- und Sollbestände müssen verglichen werden, ein eventueller Schwund ist aufzuklären.
- Die Ergebnisse der Inventur werden in einem Inventarium festgehalten.

Wie sind Anlagevermögen, Umlaufvermögen und Verbindlichkeiten zu bewerten?

- *Anlagevermögen:*
  - Nicht abnutzbares Anlagevermögen (z. B. Grundstücke): Es ist mit den Anschaffungs- oder Herstellungskosten (oder niedrigerem Teilwert) anzusetzen.
  - Abnutzbares Anlagevermögen: Es ist mit den Anschaffungs- oder Herstellungskosten vermindert um die Abschreibung (oder niedrigerem Teilwert) anzusetzen.
- *Umlaufvermögen*: Das Umlaufvermögen ist mit den Anschaffungs- oder Herstellungskosten (oder niedrigerem Teilwert) anzusetzen.
- *Verbindlichkeiten:* Die Schulden sind mit dem Entstehungswert (oder höherem Teilwert) anzusetzen.

Welche Aufzeichnungen werden durch das Finanzamt geprüft?

- *Mit Vorankündigung und aperiodisch:*
  - Betriebsprüfung (z. B. Buchhaltung, Belege, Inventurlisten);
  - Wareneingangsbuchprüfung.
- *Ohne Vorankündigung und aperiodisch:*
  - USt-Nachschau (Kassasturz);
  - Lohnsteuerprüfung.

Welche Buchführungsverfahren kennen Sie?
• Manuell oder maschinell geführte Durchschreibebuchhaltung.
• Buchführung mit Hilfe einer Datenverarbeitungsanlage.

Beschreiben Sie das System der Durchschreibebuchführung!
Bei der Durchschreibebuchführung erfolgt die Verbuchung im Hauptbuch und im Journal in einem Arbeitsgang.

Welche Hauptgruppen an Konten gibt es?
• *Bestandskonten:*
  – aktive Bestandskonten
  – passive Bestandskonten
• *Erfolgskonten*
  – Aufwandskonten
  – Ertragskonten
• *Kapitalkonten (Privatkonten)*
• *Eröffnungs- und Abschlusskonten*

Welche Klasseneinteilung hat der österreichische Kontenrahmen?

Klasse	Inhalt
0	Anlagevermögen
1	Vorräte
2	Sonstige Umlaufvermögen und Abgrenzungsposten
3	Rückstellungen, Verbindlichkeiten und Passive Rechnungsabgrenzung
4	Betriebliche Erträge
5	Materialaufwand
6	Personalaufwand
7	Abschreibungen, sonst. betriebliche Aufwendungen
8	Finanzerträge (-aufwendungen), a. o. Erträge (Aufwendungen), Auflösung (Dotierung) von Rücklagen, Ertragssteuern
9	Eigenkapital, unversteuerte Rücklagen, Einlagen Stiller Gesellschafter, Abschlusskonten

Erklären Sie den Unterschied zwischen Kontenrahmen und Kontenplan!

Der *Kontenrahmen* ist der nach bestimmten Grundsätzen aufgebaute Organisationsplan der Buchhaltung. Der österreichische Einheitskontenrahmen wurde vom Österreichischem Produktivitäts- und Wirschaftlichkeits-Zentrum ausgearbeitet.

Der *Kontenplan* ist der Organisationsplan für die Buchhaltung der einzelnen Unternehmungen. Er ist auf Betriebsgröße und Betriebsart ausgerichtet.

Welche Arbeiten sind zu Beginn des Wirtschaftsjahres zu erledigen?

Alle Konten sind neu zu eröffnen. Die aktiven Bestandskonten sind im Soll, die passiven Bestandskonten im Haben zu eröffnen. Das entsprechende Gegenkonto ist das Eröffnungsbilanzkonto. Die passive und die aktive Rechnungsabgrenzung sind aufzulösen.

Weiters sind alle Nebenbücher zu eröffnen (Kassabuch, Kunden- und Lieferantenkonten usw.).

Beschreiben Sie die Aufgaben des Kassabuches!

Die Kassabelege werden meist nicht direkt im Kassakonto des Hauptbuches, sondern in einem vorgeschalteten Kassabuch erfasst.

Welche Kassabuchbelege kennen Sie?

- *Belege für Ausgaben:* Quittungen, wie Kassazettel, Paragons und Erlagscheinabschnitte.
- *Belege für Einnahmen:* Durchschriften von Barverkaufsrechnungen, Kassaquittungen.

Wie kann die Tageslosung ermittelt werden?

- *Indirekt:*

    Bargeldbestand bei Geschäftsschluss laut Kassasturz
    + Ausgaben während des Tages

    Zwischensumme
    − Bargeldbestand am Tagesbeginn
    − Sonstige Einnahmen

    TAGESLOSUNG

- *Direkt:*

    Mit Hilfe von Kassastreifen, Paragons oder einer Registrierkassa wird die Tageslosung durch Bilden der Summen ermittelt.

Nach welchen Methoden kann die Verbuchung der Geschäftsfälle im Kassabuch durchgeführt werden?

- *Nettomethode:* Nettobetrag und Umsatzsteuer werden gesondert verbucht.
- *Bruttomethode:* Es werden nur Bruttobeträge verbucht, d. h., die Umsatzsteuer wird nicht gesondert ausgewiesen.

Was versteht man unter dem Kassasturz?

Der Kassasturz ist das Ermitteln (Zählen) des Bargeldbestandes (Istbestandes). Der im Kassabuch ermittelte Saldo (Sollbestand) muss stets mit dem Istbestand verglichen werden.

Erklären Sie die Begriffe Manko und Überschuss!

Von einem Manko spricht man, wenn der Istbestand kleiner ist als der Sollbestand. Bei einem Überschuss ist der Istbestand größer als der Sollbestand.

Was versteht man unter der Lagerkartei?

Die Lagerkartei ist eine mengenmäßige oder mengen- und wertmäßige Aufzeichnung der Lagerbestände.

Was versteht man unter der Bilanz?

Die Bilanz ist die kontenmäßige Gegenüberstellung der Aktiva und Passiva eines Unternehmens.

Die linke Seite der Bilanz (Aktivseite) gibt Auskunft darüber, wie das Vermögen verwendet wurde.

Die rechte Seite der Bilanz (Passivseite) gibt an, woher das Vermögen stammt.

BILANZ

Aktiva	Passiva
Anlagevermögen	Eigenkapital
Umlaufvermögen	Fremdkapital

Welche Arten der Bilanz kennen Sie?

- *Eröffnungsbilanz:* Bilanz am Anfang der Rechnungsperiode.
- *Schlussbilanz:* Bilanz am Ende der Rechnungsperiode.

Beschreiben Sie die Erfolgsermittlung!

In der doppelten Buchhaltung wird der Erfolg zweifach ermittelt:

* *Direkt:*
  Durch die Gegenüberstellung der Erträge und der Aufwände im Gewinn-und-Verlust-Konto. Der sich ergebende Saldo stellt den Gewinn bzw. Verlust dar. Ein Gewinn ergibt sich auf der Sollseite des Gewinn-und-Verlust-Kontos, ein Verlust auf der Habenseite.
* *Indirekt:*
  Durch Vermögensvergleich: Das Reinvermögen (= Vermögen – Schulden) am Ende der Rechnungsperiode wird mit dem Reinvermögen zu Beginn der Rechnungsperiode verglichen. Die Differenz ergibt den Gewinn oder Verlust.

Was sind Belege?

Belege sind schriftliche Aufzeichnungen über tatsächliche oder geplante betriebliche Vorgänge, die im Rechnungswesen erfasst werden müssen.

Welche Arten von Belegen kennen Sie?

Man unterscheidet:

* *nach ihrer Herkunft:*
  – Externe Belege: sie entstehen durch die Außenbeziehungen des Unternehmens, z. B. Rechnungen, Quittungen, Überweisungen.
  – Interne Belege: sie betreffen innerbetriebliche Vorgänge, z. B. Materialentnahmescheine, Buchungsanweisungen.
* *nach der Entstehung:*
  – Urbelege (Originalbelege): z. B. Eingangsrechnungen, Kontoauszüge, Ausgangsrechnungen.
  – Ersatzbelege: Sammelbelege, Duplikate usw.
* *nach der Zahl der erfassten Geschäftsfälle:*
  – Einzelbelege: für nur einen Geschäftsfall.
  – Sammelbelege: für mehrere Geschäftsfälle.

Welche Beleggrundsätze sind besonders zu beachten?

Wichtige Beleggrundsätze sind:

- Belege sind wie Urkunden zu behandeln, d. h., sie dürfen nicht verändert bzw. unleserlich gemacht werden. Notwendige Änderungen sind zu beglaubigen.
- Es darf keine Buchung ohne Beleg durchgeführt werden.
- Zur Vermeidung von Doppelbuchungen sind Belege, die als Buchungsunterlage dienen, entsprechend zu kennzeichnen.
- Auf Belegen sind die entsprechenden Konten anzuführen (Vorkontierung).
- Die erfolgte Buchung ist auf dem Beleg zu vermerken.
- Belege sind geordnet und gesichert 7 Jahre lang aufzubewahren.

Wie erfolgt üblicherweise die Belegorganisation?

Üblicherweise werden Beleggruppen gebildet, z. B.:

- Kassabelege (K, KE für Eingänge, KA für Ausgänge usw.),
- Bankbelege (B, BK, oder Z, EOSC – entsprechend dem Kreditinstitut),
- PSK-Belege (P oder PS),
- Eingangsrechnungen (E, ER),
- Ausgangsrechnungen (A, AR),
- Sonstige Belege (S, BA, B, GS usw.).

Innerhalb der Beleggruppen werden die Belege fortlaufend nummeriert.

Beschreiben Sie die Belegbearbeitung vom Eingang bis zur Ablage!

1. *Belegeingang im Posteinlauf.* Der Beleg soll mit dem Eingangsstempel versehen werden. Weiterleitung des Beleges an die zuständige Abteilung.
2. *Prüfung des Beleges* (rechnerische und sachliche Prüfung).
3. *Einordnung* in die entsprechende Beleggruppe und Nummerierung des Beleges.
4. *Vorkontierung des Beleges*, meist mit Kontierungsstempel.
5. *Verbuchung des Beleges* und Anbringung des Buchungsvermerkes.
6. *Ablage des Beleges* (in Großbetrieben oft mittels Mikrofilms).

Erklären Sie den Begriff „Anlagenabschreibung"!

Die Anlagenabschreibung ist der Aufwand, der sich aus der Wertminderung der Anlage während einer Abrechnungsperiode ergibt. Rechnerisch ergibt sich die Höhe der Anlagenabschreibung durch Verteilung des Anschaffungswertes auf die Nutzungsdauer.

Nennen Sie Abschreibungsursachen!

Abschreibungsursachen sind z. B.:

- *Verbrauch*, wie z. B. Abnützung durch Gebrauch, Verschleiß, Katastrophen, Substanzverlust.
- *Entwertung*, z. B. durch Neuentwicklungen, Sinken des Wiederbeschaffungspreises, Fehlinvestitionen.
- *Zeitablauf,* z. B. Ablauf von Konzessionen, Patenten, Miet- und Pachtrechten.

Nach welchen Gesichtspunkten können die Arten der Anlagenabschreibung eingeteilt werden?

Die Anlagenabschreibungsarten können nach verschiedensten Gesichtspunkten eingeteilt werden z. B.:

- *nach der Abschreibungsgrundlage* z. B. in Abschreibung vom Anschaffungswert, vom Buchwert oder vom Tageswert;
- *nach der Berechnung* z. B. in gleich bleibende, fallende und steigende Abschreibung;
- *nach der Art der Verbuchung* in direkte und indirekte Abschreibung;
- *nach der Abschreibungsursache* z. B. in Normalabschreibung und Sonderabschreibung (Abschreibung nach Katastrophen).

Wie werden die Abschreibungsbeträge bei gleich bleibender (linearer) Abschreibung berechnet?

Die Berechnung des Abschreibungsbetrages (A) erfolgt nach den Formeln:

$$A = \frac{\text{Anschaffungswert (AW)}}{\text{Nutzungsdauer (n)}} \quad \text{oder}$$

$$A = \frac{\text{AW x Abschreibungssatz (p)}}{100} \quad p = \frac{100}{n}$$

Erklären Sie die Rechengrößen, die im Zusammenhang mit der Ermittlung des Abschreibungsbetrages stehen!

Zur Ermittlung des Abschreibungsbetrages sind folgende Größen maßgebend:

- *Anschaffungswert*: Der Anschaffungswert umfasst alle Kosten, die beim Erwerb entstehen, wie z. B. Bezugskosten, Aufstellungskosten, Steuern (ausgenommen: Umsatzsteuer).

- *Herstellungswert:* Die Herstellungskosten setzen sich aus allen Kosten zusammen, die bei der Selbstherstellung eines Gutes durch den Betrieb entstehen.

- *Nutzungsdauer:* Dies ist die geschätzte Nutzungsdauer eines Wirtschaftsgutes. Maßgebend für die Schätzung sind u. a. eigene Erfahrungen, Angaben des Herstellers und Angaben der Finanzbehörden.

- *Restwert:* Der Restwert ist der Wert, der sich am Ende der Nutzungsdauer der Anlage ergibt (Schrottwert).

- *Abschreibungsbasis:* Allgemein ist die Abschreibungsbasis der Anschaffungs- bzw. der Herstellungswert. Bei Berücksichtigung des Restwertes ist die Abschreibungsbasis die Differenz von Anschaffungs- und Restwert.

- *Abschreibungssatz und Abschreibungsbetrag:* Der Abschreibungssatz gibt die jährliche Abschreibung in Prozenten an, der Abschreibungsbetrag die jährliche Abschreibung in Schilling.

- *Buchwert:* Der Buchwert ergibt sich als Differenz zwischen dem Anschaffungswert und den bereits vorgenommenen Abschreibungen.

Erklären Sie den Unterschied zwischen direkter und indirekter Abschreibung!

Der Unterschied zwischen direkter und indirekter Anlagenabschreibung ist, dass bei der direkten Abschreibung direkt vom jeweiligen Anlagenkonto abgebucht wird, während bei der indirekten Abschreibung ein Wertberichtigungskonto zum entsprechenden Anlagenkonto geführt wird.

Dies bedeutet, dass bei der indirekten Anlagenabschreibung auf dem Anlagenkonto während der gesamten Nutzungsdauer der Anschaffungswert aufscheint und das Wertberichtigungskonto die bereits vorgenommenen Abschreibungen ausweist.

Nennen und beschreiben Sie einige wichtige Nebenbücher!

Wichtige Nebenbücher sind z. B.:

- das *Kassabuch:* Bargeldbewegungen sind täglich in geeigneter Form festzuhalten (z. B. geordnete Kassabelege).
  Verbuchen im Kassabuch und Hauptbuch:
  – spätestens einen Monat und 15 Tagen nach Ablauf des Kalendermonats,
  – bei indirekter Ermittlung der Tageslosung (keine Einzelaufzeichnung der Geldbewegungen) täglich.
- die *Kunden- und Kreditorenbuchführung* schlüsselt die im *Hauptbuch* summenweise verbuchten Lieferforderungen und Lieferverbindlichkeiten auf.
- Die *Anlagenbuchhaltung:* Man unterscheidet zwei Formen der Anlagenbuchhaltung – die *Anlagenkartei* und das *Anlagenverzeichnis*. Da im Hauptbuch die Anlagegengenstände summarisch erfasst werden, ist die Anlagenbuchhaltung erforderlich, um eine Kontrolle über den Anlagenbestand zu besitzen und um die Abschreibungen ermitteln zu können.
- Die *Lagerbuchhaltung*: Die Lagerbuchhaltung dient der mengen- und wertmäßigen Aufzeichnung der Lagerbestände. Die Lagerbuchhaltung wird geführt, um jederzeit den Lagerbestand, Schwund usw. feststellen zu können. Sie ist die Grundlage für Nachbestellungen und Voraussetzungen für eine permanente Inventur.
- *Sonstige Nebenbücher* sind z. B. Lohn- und Gehaltsbuchhaltung, Wechselbuchhaltung, Effektenbücher.

Welche Aufzeichnungen werden als Hilfsbücher bezeichnet?

Als Hilfsbücher werden Aufzeichnungen bezeichnet, die von der Buchhaltung unabhängige Tatbestände und Daten enthalten, wie z. B. das Auftragsbuch der Vertreter, das Nachnahmebuch usw.

Kostenrechnung und Kalkulation

Welche Aufgaben soll die Kostenrechnung erfüllen?

Die Kostenrechnung hat die Aufgabe, die Kosten zu erfassen, zu verteilen und auf die Betriebsleistung zuzurechnen. Die Kostenrechnung ermöglicht:

- die Kontrolle der Wirtschaftlichkeit und schafft damit die Grundlage für betriebliche Maßnahmen;
- die Ermittlung der Selbstkosten, des Angebotspreises, der Preisuntergrenzen usw.

Daraus ergeben sich die zwei Hauptgebiete der Kostenrechnung, die Betriebsabrechnung und die Selbstkostenrechnung.

Was versteht man unter „Kosten"?

Kosten sind Werteinsätze zur Erstellung der Betriebsleistung.

Wie unterscheiden sich Ausgaben, Aufwand und Kosten?

- Ausgaben: ein Begriff der Geldrechnung, sind die Geldmittel, die zur Zahlung von Gütern (Dienstleistungen) verwendet werden.
- Aufwand: ein Begriff der Buchführung, umfasst den Güter- und Leistungseinsatz innerhalb einer Abrechnungsperiode.
- Kosten: ein Begriff der Kostenrechnung. Die Kosten erfassen alle Werteinsätze, die zur Erstellung der Betriebsleistung innerhalb einer Abrechnungsperiode aufgewendet werden.

Was ist ein Betriebsüberleitungsbogen und wozu wird er benötigt?

Der Betriebsüberleitungsbogen (BÜB) ist ein Formular, in dem die Aufwände der Buchhaltung (Soll-Seite des G und V-Kontos) übernommen und durch Ausscheiden der neutralen Aufwände und durch Zurechnung der Zusatzkosten in Kosten übergeleitet werden.

Was sind neutrale Aufwände?

Neutrale Aufwände sind jene Teile des periodisierten Aufwandes, die

- betriebsfremd sind, wie z. B. Spekulationen,
- außergewöhnlich sind, wie z. B. Katastrophen,
- handels- bzw. steuerrechtlicher Aufwand sind, wie z. B. die bilanzmäßige Abschreibung.

Was sind Zusatzkosten?

Zusatzkosten sind Kosten, die in der Buchhaltung entweder nicht aufscheinen oder Werte der Buchhaltung ersetzen, z. B.

- *Kalkulatorischer Unternehmerlohn:* In der Höhe eines durchschnittlichen Gehaltes eines leitenden Angestellten.
- *Kalkulatorische Abschreibung:* Die steuerrechtlichen Ansätze der Buchhaltung werden ausgeschieden und durch realistische kalkulatorische Werte ersetzt.
- *Kalkulatorische Wagnisse:* Die echten Schadensfälle werden ausgeschieden und durch Durchschnittswerte ersetzt.
- *Kalkulatorische Zinsen:* Diese werden vom betriebsnotwendigen Kapital (auch Eigenkapital) berechnet.

Welche Kostenarten sind für die Kostenrechnung im Fertigungsbetrieb maßgebend?

Die für die Kostenrechnung im Fertigungsbetrieb wichtigsten Unterteilungen sind die

- *nach der Zurechenbarkeit* in:
  - Einzelkosten (direkte Kosten), wie z. B. Fertigungslöhne, Fertigungsmaterial.
  - Sonderkosten (unregelmäßig anfallende Einzelkosten), wie z. B. Patentgebühren, Kosten für Sonderwerkzeuge, Kosten für spezielle Verpackungen, Transportkosten.
  - Gemeinkosten (indirekte Kosten), wie z. B. Gehälter, Miete.
- *nach dem Verhalten bei der Veränderung des Beschäftigungsgrades* in:
  - fixe Kosten: Sie sind vom Beschäftigungsgrad unabhängig, d. h., sie fallen in voller Höhe auch dann an, wenn nichts erzeugt wird;
  - variable Kosten: Sie verändern sich im selben Verhältnis wie der Beschäftigungsgrad.

Welche Aussage hat der „Beschäftigungsgrad"?

Der Beschäftigungsgrad ist das Verhältnis Ist-Beschäftigung (tatsächliche Auslastung) zur Soll-Beschäftigung (mögliche Auslastung). Ein Beschäftigungsgrad von 80 % sagt z. B. aus, dass die Anlagen mit 80 % der möglichen Kapazität ausgelastet sind.

Was sind Kostenstellen und nach welchen Gesichtspunkten können sie gebildet werden?

Kostenstellen sind Teilbereiche der Betriebe, für die die anteiligen Kosten ermittelt werden.

Die Bildung von Kostenstellen kann z. B. nach

- der betrieblichen Funktion (Beschaffung, Fertigung, Verwaltung, Vertrieb),
- räumlichen Gesichtspunkten (z. B. nach Werkstätten),
- Arbeitsplätzen (Platzkostenrechnung) oder nach
- Verantwortungsbereichen erfolgen.

Wann spricht man von Hilfskostenstellen?

Hilfskostenstellen stellen Hauptkostenstellen Lieferungen bzw. Dienstleistungen zur Verfügung. Die Kosten der Hilfskostenstellen werden entsprechend der Leistungen auf die Hauptkostenstellen umgelegt.

Beschreiben Sie den Aufbau des Betriebsabrechnungsbogens (BAB)!

In den Betriebsabrechnungsbogen (BAB) werden horizontal die Kostenstellen und vertikal die Kostenarten (aus dem BÜB) eingetragen.

Welche Arbeiten sind im BAB durchzuführen?

Arbeitsvorgang in der Tabelle eines BAB:

- Umlage der Gemeinkosten auf die Kostenstellen nach entsprechenden Verteilungsschlüsseln (z. B. m^2, m^3, Kopfzahl, Maschinenanschlusswerten).
- Addition der Gemeinkosten je Kostenstelle.
- Umlage der Hilfskostenstellen auf die Hauptkostenstellen und neuerliche Addition der Gemeinkosten je Hauptkostenstelle.
- Berechnung der Gemeinkostenzuschlagssätze:

$$\text{Materialgemeinkostenzuschlag} = \frac{\text{Materialgemeinkosten} \times 100}{\text{Fertigungsmaterial}}$$

$$\text{Fertigungsgemeinkostenzuschlag} = \frac{\text{Fertigungsgemeinkosten} \times 100}{\text{Fertigungslöhne}}$$

$$\text{Verwaltungs(Vertriebs)gemeinkostenzuschläge} =$$
$$= \frac{\text{Verwaltungs(Vertriebs)gemeinkosten} \times 100}{\text{Herstellkosten}}$$

Wie werden die Herstellkosten berechnet?

Herstellkosten = Fertigungsmaterial
+ Materialgemeinkosten
+ Fertigungslöhne
+ Fertigungsgemeinkosten

Nennen Sie Aufgaben und Grundformen der Kostenträgerrechnung!

Durch die Kostenträgerrechnung (Kalkulation) werden die Kosten der Betriebsleistung zugerechnet.
Grundformen der Kostenträgerrechnung sind:

* *Divisionskalkulation*
* *Zuschlagskalkulation*

Erklären Sie den Rechenvorgang bei der Divisionskalkulation!

Bei der einfachen Divisionskalkulation, die bei Betrieben mit einheitlicher Massenfertigung (z. B. Gaswerk, Wasserwerk, Ziegelei) angewendet wird, errechnet man die Stückkosten durch folgende Formel:

$$\text{Stückkosten} = \frac{\text{Gesamtkosten je Rechnungsperiode}}{\text{erzeugte Menge}}$$

Sonderformen der einfachen Divisionskalkulation sind die mehrstufige Divisionskalkulation und die Äquivalenzziffernrechnung.

Beschreiben Sie das Schema der Zuschlagskalkulation!

Fertigungsmaterial
+ Materialgemeinkosten (% vom FM)...... Materialkosten
Fertigungslohn
+ Fertigungsgemeinkosten (% von FL).... Fertigungskosten

Herstellkosten
+ Verwaltungskosten
(% von Herstellkosten)
+ Vertriebskosten
(% von Herstellkosten)

Selbstkosten
+ Gewinn

Nettoverkaufspreis
+ USt (ev. Skonto, Rabatt)

Bruttoverkaufspreis

Beschreiben Sie die Plankostenrechnung und deren Aufgaben!

Bei der *Istkostenrechnung* wird mit den tatsächlich anfallenden Kosten gerechnet.

Bei der *Plankostenrechnung* werden Plankosten (d. h. Vorgabewerte) dem Kostenrechnungssystem zugrunde gelegt. Durch den Vergleich Plankosten zu Istkosten kann die Wirtschaftlichkeit in den Kostenstellen überprüft werden.

Was versteht man unter Deckungsbeitragsrechnung (Teilkostenrechnung, Direct Costing) und wann verwendet man diese Kostenrechnungsart?

Die Deckungsbeitragsrechnung ist ein Kostenrechnungssystem, bei dem

- die Gemeinkosten in fixe und variable Kosten geteilt werden;
- lediglich die variablen Kosten im BAB auf die Kostenstellen verteilt werden (analog der Vollkostenrechnung);
- die variablen Gemeinkostenzuschläge ermittelt werden;
- die Kostenträgerrechnung (Kalkulation) auf Basis der variablen Kosten durchgeführt wird;
- der Deckungsbeitrag durch Gegenüberstellung von Erlösen und variablen Selbstkosten ermittelt wird.

Welche Aussagen erlaubt die Deckungsbeitragsrechnung?

Durch die Deckungsbeitragsrechnung wird es möglich,

- die Preisuntergrenze zu ermitteln (absolute Preisuntergrenze sind die variablen Selbstkosten eines Produktes);
- das optimale Produktionsprogramm zu erstellen (Förderung der Produkte mit dem höchsten Deckungsbeitrag);
- den Erfolg des Unternehmens zu analysieren.

Beschreiben Sie die Bezugskalkulation!

Mit Hilfe der Bezugskalkulation wird der Einstands(Bezugs)preis der gekauften Ware ermittelt.

Vom Rechnungspreis (Listenpreis) netto wird zuerst der Rabatt, dann der Skonto abgezogen – man erhält den Einkaufspreis. Zählt man allfällige Bezugskosten (netto) zum Einkaufspreis, erhält man den Einstands(Bezugs)preis.

Erklären Sie den Rechenvorgang bei der Verkaufskalkulation!

Einstandspreis plus Regien ergeben den Selbstkostenpreis. Selbstkostenpreis plus Gewinn ergibt den Nettoverkaufspreis. Rechnet man zum Nettoverkaufspreis Kundenskonto, Kundenrabatt und USt, erhält man den Bruttoverkaufspreis.

Was versteht man unter dem „Regiezuschlag"?

Unter dem Regiezuschlag versteht man das Verhältnis der Regien zum Wareneinsatz, ausgedrückt in Prozenten:

$$\text{Regiezuschlag} = \frac{\text{Regien x 100}}{\text{Wareneinsatz}}$$

Wie wird der Gewinnzuschlag errechnet?

Der Gewinnzuschlag wird in Prozenten des Selbstkostenpreises ausgedrückt:

$$\text{Gewinnzuschlag} = \frac{\text{Gewinn x 100}}{\text{Selbstkosten}}$$

Was versteht man unter der Handelsspanne bzw. dem Bruttogewinn?

Bruttogewinn = Verkaufspreis netto – Einstandspreis.

Der Bruttogewinn enthält also die Regien und den Gewinn.
Die Handelsspanne (Rohaufschlag) ist der in Prozenten vom Einstandspreis ausgedrückte Bruttogewinn.

$$\text{Handelsspanne} = \frac{\text{Bruttogewinn x 100}}{\text{Einstandspreis (Wareneinsatz)}}$$

Als Rohabschlag bezeichnet man den in Prozenten vom Nettoverkaufspreis ausgedrückten Bruttogewinn.

Was sind betriebswirtschaftliche Kennzahlen und welche Bedeutung haben sie für die Unternehmensleitung?

Betriebswirtschaftliche Kennzahlen sind Zahlen (z. B. absolute Zahlen, Verhältniszahlen, Durchschnittswerte), die eine konzentrierte Aussagekraft über wichtige Unternehmensbereiche besitzen. Sie sind jedoch nur dann aussagekräftig, wenn Vergleichsmöglichkeiten vorhanden sind.

Ihre Bedeutung liegt vor allem in der

* Betriebskontrolle und in der
* Lieferung von Unterlagen für betriebliche Entscheidungen.

Welche Vergleichsmöglichkeiten für Betriebskennziffern kennen Sie?

* *Zeitvergleich*: Die ermittelten Kennzahlen werden mit Kennzahlen von Vorperioden (des Vormonats, des Vorjahres usw.) verglichen.
* *Betriebsvergleich:* Die ermittelten Kennzahlen werden mit Kennzahlen von Betrieben der gleichen Branche (und ungefähr der gleichen Betriebsgröße) oder mit Branchendurchschnittskennzahlen verglichen.
* *Soll-Ist-Vergleich:* Die ermittelten Ist-Kennzahlen (tatsächlichen Kennzahlen) werden mit Soll-Kennzahlen (geplanten Kennzahlen) verglichen.

Nennen Sie Grundlagen, aus denen aussagekräftige Kennziffern ermittelt werden können!

Grundlagen zur Ermittlung von Kennziffern sind u. a. die Bilanz, die Gewinn- und Verlustrechnung, die Kostenrechnung, betriebsstatistische Unterlagen.

Welche Informationen können durch die Kennziffern der Bilanz gewonnen werden?
Nennen Sie Beispiele und Berechnungsformeln für einige Bilanzkennziffern!

Bilanzkennziffern liefern u. a. Informationen über

* die *Vermögens- und Kapitalstruktur,*
* Beziehungen zwischen Vermögen und Kapital.

Beispiele für Bilanzkennziffern sind:

$$\text{Verschuldungsgrad} = \frac{\text{Fremdkapital} \times 100}{\text{Eigenkapital}}$$

$$\text{Anspannungskoeffizient} = \frac{\text{Fremdkapital} \times 100}{\text{Gesamtkapital}}$$

$$\text{Anlagenintensität} = \frac{\text{Anlagevermögen} \times 100}{\text{Gesamtkapital}}$$

$$\text{Liquidität (1. Grades)} = \frac{\text{Zahlungsmittel} \times 100}{\text{kurzfristige Verbindlichkeiten}}$$

Die Liquidität gibt Auskunft über die Zahlungsfähigkeit, wobei der Zähler noch um die kurzfristigen Forderungen (= Liquidität 2. Grades) und die Bestände (= Liquidität 3. Grades) erweitert werden kann.

Welche Aussagekraft besitzen Kennziffern, die aus der Gewinn- und Verlustrechnung gebildet werden? Nennen Sie einige Beispiele und die Berechnungsformeln solcher Kennziffern!

Die Kennzahlen der Gewinn- und Verlustrechnung geben Auskunft über

- die Aufwandsstruktur $= \dfrac{\text{Aufwandsart} \times 100 \text{ (z. B. Löhne)}}{\text{Gesamtaufwand}}$

- die Ertragsstruktur $= \dfrac{\text{Ertragsart} \times 100 \text{ (z. B. Handelswarenerlöse)}}{\text{Gesamterträge}}$

- den buchmäßigen Erfolg, z. B.

$$\text{Erfolgskoeffizient} = \frac{\text{Gewinn}}{\text{Erträge}}$$

- betriebliche Teilbereiche, wie z. B. das Personalwesen.

$$\text{Anteil des Personalaufwandes am Umsatz} = \frac{\text{Personalaufwand} \times 100}{\text{Umsatz}}$$

Beschreiben Sie die Aussagekraft und die Berechnung des „Cashflow"!

Der Cashflow (Kassenzufluss) ist eine Kennziffer, die zeigt, in welchem Ausmaß sich ein Unternehmen aus eigener Kraft finanziert.

Berechnung des Cashflow:
Gewinn (Verlust) nach Abzug der Steuern
+ Abschreibungen auf Sach- und Finanzanlagen
+ (Endbestand – Anfangsbestand) von: Rücklagen, Rückstellungen, Wertberichtigung von Forderungen.

Nennen Sie Kennzahlen aus der Kostenrechnung!

$$\text{Wirtschaftlichkeit} = \frac{\text{Leistung}}{\text{Kosten}}$$

$$\text{Produktivität} = \frac{\text{Ausbringung (Stück, kg, m)}}{\text{Einsatz (Materialmenge, Arbeitszeit ...)}}$$

Nennen Sie Kennzahlen und deren Berechnungsformeln, die aus Bilanz und Gewinn- und Verlustrechnung gebildet werden!

Aus der Bilanz und der Gewinn- und Verlustrechnung werden u. a. folgende Kennziffern gebildet:

$$\text{Eigenkapitalrentabilität} = \frac{\text{Gewinn} \times 100}{\text{Eigenkapital}}$$

$$\text{Gesamtkapitalrentabilität} = \frac{(\text{Gewinn} + \text{Fremdkapitalzinsen}) \times 100}{\text{Gesamtkapital}}$$

$$\text{Umsatzrentabilität} = \frac{\text{Gewinn} \times 100}{\text{Umsatz}}$$

Hilfsmittel der Büroorganisation

Welche mechanischen und elektronischen Hilfsmittel werden in Büros eingesetzt?

In Büros werden Schreibmaschinen, Vervielfältigungsgeräte, Faxgeräte, Telefon, Brieföffnungs- und Brieffalzmaschinen, Adressier- und Frankiermaschinen, Diktiergeräte, Rechenmaschinen, Computer usw. eingesetzt.

Nennen Sie einige Druckwerke (Drucker), die in der Textverarbeitung eingesetzt werden!

Eingesetzt werden: Matrixdrucker, Thermodruckwerke, Farbstrahldruckwerke (Ink-Jet-Drucker), Laserdrucker u. a.

Welche Teilbereiche werden unter dem Begriff „Textverarbeitung" im weitesten Sinne zusammengefasst?

Der Begriff „Textverarbeitung" umfasst Diktieren – Schreiben – Reproduzieren – Postbearbeitung – Mikroverfilmung.

Beschreiben Sie die Ausstattung von Diktiergeräten und nennen Sie deren Vorteile!

Diktiergeräte bestehen aus Aufnahme- und Wiedergabegerät (in einem Gerät vereinigt oder getrennte Geräte), Mikrofon, Kopfhörer, Fußschalter (zur Steuerung der Funktionstasten), Repetitionstasten, Markierungsanzeiger, Löscheinrichtung, Telefonadapter usw.

Vorteile der Diktiergeräte sind u. a. der Wegfall von Stenogramm- und Wartezeiten für Schreibkräfte. Rationelle Vorbereitung der Texte in zentralen Schreibstellen. Diktierende und Schreibkräfte können unabhängig voneinander die Arbeitszeit verplanen. Texte können beliebig oft gelöscht oder übersprochen bzw. Fehler korrigiert werden.

Nennen Sie Einsatzmöglichkeiten für Kopiergeräte!

Kopiergeräte werden z. B. verwendet für:

- die Herstellung von Kopien aus Büchern oder losen Blättern auf Papier, Karton oder Matrizen;
- die Herstellung von verkleinerten oder vergrößerten Kopien;
- die Herstellung von beiderseits beschrifteten Kopienblättern;
- die Übertragung grafischer Darstellungen über das Telefonnetz mittels Telekopierers.

Wie unterscheidet man Kopiergeräte?

Kopiergeräte unterscheidet man nach

- der technischen Ausstattung in
  - optische Kopierer,
  - Kontaktkopierer.
- der Entstehungsart der Kopien in
  - fotografische Verfahren,
  - elektrostatische Verfahren,
  - elektromagnetische Verfahren,
  - fotoelektrische Verfahren.

Beschreiben Sie elektrostatisch arbeitende Kopiergeräte!

Bei elektrostatischen Verfahren unterscheidet man das direkte und das indirekte Verfahren. Beide Verfahren sind Trockenkopierverfahren, die über Linsensysteme arbeiten.

Beim *direkten Verfahren* wird beschichtetes Spezialpapier verwendet. Beim *indirekten Verfahren* wird Normalpapier verwendet. Die Übertragung der Vorlage erfolgt über eine Selentrommel. Die elektrostatisch aufgeladene Trommel hat die Eigenschaft, negativ geladenes Bildpulver (Toner) im Dunkeln zu halten, im Hellen gleitet das Pulver ab.

Durch geringere Reflexion der Schrift bleibt das Pulver an der Trommel haften (helle Originalstellen haben hohe Reflexion, d. h. hohe Helligkeit), wird auf das positiv geladene Papier übertragen und eingebrannt (fixiert).

Wie funktioniert das Büro-Offset-Druckverfahren und welche Vorzüge hat dieses Verfahren?

Beim Büro-Offset-Verfahren werden Folien (meist Metallfolien) verwendet, die beschriftet werden (z. B. mit fetthaltigem Farbband, auf fotografischem Weg).

Die beschriftete und fixierte Folie wird am Druckzylinder befestigt und anschließend befeuchtet, wobei die fetthaltige Beschriftung keine Feuchtigkeit annimmt. Wird auf die Folie Farbe aufgetragen, so bleibt diese nur an den feuchtigkeitsfreien Stellen (Schrift) haften. Die so aufgetragene Farbe wird auf eine überzogene Walze (Gummituch, auswechselbare Kunststofffolie) übertragen und von dieser auf das Papier „abgesetzt".

Welche Geräte erleichtern die Bearbeitung der eingehenden Post?

- *Öffnen der Briefumschläge:*
  Brieföffner, elektrischer Brieföffner.
- *Leerkontrolle der Briefumschläge:*
  Durchleuchtungsgerät
- *Eingangsvermerk:*
  Eingangsstempel, Stempelautomat.
- *Innerbetriebliche Verteilung:*
  Rohrpost, Förderbandanlage.

Wie können Schriftstücke innerbetrieblich verteilt werden?

Durch Boten, Rohrpostanlagen, Förderbandanlagen usw.

Welche Arbeitsgänge sind im Postausgang (Massenpost) üblich?

Wichtige Arbeitsgänge sind:
Adressieren, zusammentragen, falzen, kuvertieren, schließen, frankieren.

Beschreiben Sie die Funktion und die Einsatzmöglichkeiten von Adressiermaschinen!

Für den Einsatz von Adressiermaschinen wird eine Adressenkartei angelegt. Der Rand der Adressenkarten kann mit Kerben und Lochungen versehen werden, so dass die Maschine Karten nach bestimmten Gesichtspunkten sortieren und abdrucken kann. Nach Einlegen der Adressenkartei in die Maschine können je nach Programmierung die Karten beliebig oft abgedruckt werden. Die Adressen können direkt (auf Postwurfsendungen) oder indirekt (auf Klebeetiketten bzw. Endlosrollen) gedruckt werden. EDV-Datenträger ermöglichen den Ausdruck von Adressen über den Drucker von Datenverarbeitungsanlagen.

Welche Funktion haben Falzmaschinen?

Falzmaschinen haben die Aufgabe, Papierbogen für Briefumschläge passend zu falzen, z. B. ÖNORM-A4-Briefformate für ÖNORM-C5-Briefumschläge passend.

Erklären Sie die Einsatzmöglichkeiten von Kuvertiermaschinen!

Kuvertiermaschinen legen das Schriftgut in Kuverts ein und verschließen diese. Einige Maschinentypen sind entweder kombinierte Falz- und Kuvertiermaschinen oder sie können mit Falzmaschinen gekoppelt werden.

Was sind und welche Vorteile haben Frankiermaschinen?

Frankiermaschinen sind Geräte, die den Postwert, Vermerke wie z. B. Drucksache, Express und bei Bedarf Firmennamen und sonstige Texte auf das Schriftgut aufdrucken, d. h., das Hantieren mit Briefmarken ist nicht mehr nötig. Für stärkere Briefe (Pakete) werden Frankierstreifen verwendet.

Die Abrechnung mit der Post erfolgt:

- dadurch, dass ein Betrag bezahlt wird und von der Post das Zahlwerk entsprechend eingestellt wird. Frankiert kann so lange werden, bis das Zählwerk auf null steht;
- dadurch, dass eine Wertkarte eingelegt wird. Frankiert kann so lange werden, bis der Betrag verbraucht und die Maschine automatisch gesperrt ist.

Was versteht man unter Mikroverfilmung? Nennen Sie einige Voraussetzungen zur Anwendung dieser Technik!

Bei der Mikroverfilmung handelt es sich um die verkleinerte Aufnahme (Verkleinerungsfaktor bis 48) von Belegen. Die Originalbelege dürfen vernichtet werden, wenn einige Voraussetzungen erfüllt sind. Diese Voraussetzungen sind z. B. Beschreibung der Organisation, Protokoll über aufgezeichnetes Schriftgut, geordnete, sorgfältige und sichere Aufbewahrung der Bildträger (Tresor).

Nicht vernichtet werden dürfen Originalbelege, wie z. B. gebundene Handelsbücher, Inventarien, Bilanzen.

Welche Bildträger sind in der Mikrofilmtechnik üblich?

In der Mikrofilmtechnik sind Bildträger wie z. B. Rollfilm (Hauptanwendungsgebiet: Archivierung), Kassette, Magazin (kaufmännischer Bereich), Mikrofiche, Filmblatt (Dokumentation), Filmtasche, Jacket (kaufmännischer Bereich), Filmkarte, Filmlochkarte (technische Zeichnungen) üblich.

Nennen Sie Vorteile der Mikroverfilmung!

Vorteile der Mikroverfilmung sind u. a.:

- Kosteneinsparung durch geringeren Platzbedarf und Personaleinsparung für die Archivierung.
- Schneller Zugriff zu Belegsaufnahmen, da die Filme am Schreibtisch aufbewahrt werden können.
- Leichter Transport großer Informationsmengen.
- Einfache Herstellung von Duplikaten.

- Sicherheit bei entsprechender (Tresor) und getrennter Lagerung von Originalfilm und Duplikaten.

Nennen Sie Mikrofilmgeräte!

Mikofilmkamera, Entwicklungsgerät, Lesegerät, Dupliziergerät, Einfüllgerät (Jacketiergerät), Rückvergrößerungsgerät.

Welche Zusatzgeräte für das Telefon kennen Sie?

Zusatzgeräte für Telefone sind u. a.:

- Automatische Rufnummernwähler: Telefonnummern können gespeichert und mit Tastendruck abgerufen werden.

- Automat zur Wiederholung von Rufnummern: Besetzte Rufnummern werden gespeichert und solange automatisch gewählt, bis die gewünschte Verbindung zustande kommt.

- Telefonanrufbeantworter: Je nach Bauart gibt das Gerät bei Anruf entweder einen gespeicherten Text durch oder das Gerät zeichnet zusätzlich Texte des Anrufenden auf.

- Telefonverstärker: Dieses Gerät ermöglicht mehreren Personen gleichzeitig ein Gespräch mitzuhören.

- Telefax: Dieses Gerät ermöglicht die Übertragung von Texten und Grafiken über Telefonleitungen.

Nach welchen Gesichtspunkten lassen sich Rechenmaschinen einteilen?

Rechenmaschinen werden eingeteilt nach:

- der Funktionsweise in mechanische und elektronische Rechenmaschinen (mechanische Rechenmaschinen sind veraltet und werden nicht mehr gebaut);

- der Art der Datenausgabe in druckende Maschinen (mit Kontrollstreifen), nichtdruckende Maschinen (Leuchtziffern, Bildschirm), druckende und anzeigende Maschinen;

- der Programmierbarkeit in programmierbare Maschinen (mit Programmspeicher), fixprogrammierte Maschinen (wichtige Funktionen sind fix vorprogrammiert);

- der Antriebsart in Maschinen mit Handbetrieb (werden heute nicht mehr gebaut), elektrisch betriebene Maschinen (mit Netzanschluss oder Batteriebetrieb), Solar-Rechner (Lichtstrahlen werden in Solarzellen zum Betriebsstrom umgewandelt).

Was sind elektronische Datenverarbeitungsmaschinen? Nennen Sie Anwendungsbeispiele!

Elektronische Datenverarbeitungsmaschinen (Computer) sind elektronisch gesteuerte Automaten, die Daten nach einer gespeicherten Anweisung (Programm, Software) auswerten.

Anwendungsbeispiele sind z. B. die Buchhaltung, die Personalverrechnung, die Lagerbuchführung, die Kostenrechnung, die Textverarbeitung usw.

Was versteht man unter elektronischer Datenverarbeitung?

Unter elektronischer Datenverarbeitung versteht man die Verarbeitung von Daten (Informationen) nach vorgegebenen und gespeicherten Arbeitsregeln (Programmen) mit elektronisch gesteuerten Geräten.

Wann ist der Einsatz von Computern in Büros sinnvoll?

Der Einsatz von Computern in Büros ist u. a. sinnvoll, wenn

- Menschen von monotoner, sich wiederholender Arbeit entlastet werden;
- große Mengen von Daten, die sich auch oft ändern können, gespeichert und ausgewertet werden sollen;
- Personalkosten eingespart werden können.

Was versteht man unter den Begriffen „Software" und „Hardware"?

Mit „Software" werden die einsetzbaren Programme (logische, geordnete Arbeitsregeln) bezeichnet.

Unter „Hardware" versteht man die Geräte und technischen Anlagen.

Beschreiben Sie die maschinelle Ausstattung (Hardware) einer EDV-Anlage!

Zur Hardware einer EDV-Anlage zählen u. a.:

- die Zentraleinheit (Speicher-, Rechen- und Steuerwerk);
- die Eingabegeräte (Tastatur, Maus, Scanner, Belegleser, Lichtgriffel, Digitalisierungsbrett);
- die Ausgabegeräte (Bildschirm, Drucker);
- die Dialoggeräte (Datensichtgeräte, Terminal);
- die Speichergeräte (Diskettenstation, Optisches Laufwerk = CD-ROM, Magnetplatteneinheit, Kassetteneinheit).

Welche Geräte zählen zu den Peripheriegeräten?

Zu den Peripheriegeräten zählen Ein- und Ausgabegeräte, externe Speicher und Dialoggeräte.

Erklären Sie die Begriffe „Bit" und „Byte"!

Ein Bit ist die kleinste Informationseinheit einer Datenverarbeitungsanlage und kann die Funktionszustände 0 (ungeladen) und 1 (geladen) annehmen.

Ein Byte besteht aus 8 Bits und einem Prüfbit und dient zur Darstellung von Buchstaben, Ziffern und Sonderzeichen.

Welche Programme umfasst die „Software"?

Die Software umfasst

- *das Systemprogramm:* Dieses Programm wird vom Hersteller mitgeliefert und ermöglicht den Betrieb einer Datenverarbeitungsanlage.

  Es besteht aus

  – dem Steuerprogramm (Organisationsprogramm für die Steuerung von Verarbeitungseinheit und Peripheriegeräten),

  – dem Übersetzungsprogramm (übersetzt die in einer Programmiersprache formulierten Anweisungen in Maschinenbefehle),

  – dem Dienstprogramm (übernimmt Hilfsaufgaben, wie z. B. Sortier- und Kopierprogramme).

- die *Anwenderprogramme:* Diese Programme erlauben die Lösung spezieller Probleme, wie z. B. Buchhaltungs-, Kostenrechnungs- und Lohnverrechnungsprogramme.

Beschreiben Sie die Arbeitsschritte bei der Erstellung eines Anwenderprogrammes!

Folgende Schritte sind zur Erstellung eines Programmes nötig:

1. *Problemstellung:* Beschreibung und Definition der Aufgabe.

2. *Programmablaufplan:* Umsetzung des Problems in logische Abschnitte nach bestimmten grafischen Regeln.

3. *Codierung:* Übersetzung des Programmablaufplanes in eine für die Datenverarbeitungsanlage verständliche Sprache.

4. *Testen:* Feststellen, ob das Programm Fehler oder Lücken aufweist, die beseitigt werden müssen.

5. *Programmdokumentation:* Aufzeichnung und Beschreibung der Abläufe und Aufbewahrung der Programmunterlagen.

Nennen Sie Problembereiche aus dem kaufmännischen Bereich, die mit Hilfe von EDV-Anlagen gelöst werden können!

Anwendungsbereiche für EDV-Anlagen auf dem kaufmännischen Sektor sind u. a.:

- *Finanzbuchhaltung.*
- *Nebenaufzeichnungen in der Buchführung*, wie z. B. Lagerbuchführung, Anlagen-, Personal- und Bankverrechnung. USt-, Vertreter- und Fuhrparkabrechnung, Offene-Posten-Buchhaltung.
- *Fakturierung.*
- *Kostenrechnung:* Kostenarten- und Kostenstellenrechnung, Kalkulation, Ist- und Plankostenrechnung, Deckungsbeitragsrechnung.
- *Finanz- und Investitionsplanung.*
- *Bilanzauswertung*, z. B. Bilanz- und Erfolgsanalyse, Kennziffern.
- *Statistiken*, z. B. Kunden-, Vertreter- und Artikelstatistik.
- *Textverarbeitungsprogramme.*
- *Telebanking, Electronic Banking.*

Beschreiben Sie den elektronischen Zahlungsverkehr!

Mittels PC, geeigneter Banking-Software (z. B. ELBA) und Modem kann man über die Telefonleitung nach Eingabe einer persönlichen Identifikationsnummer (PIN) Überweisungen durchführen.

Die dafür *nötigen Arbeitsschritte* sind:

1. Erstellen der Überweisungsaufträge.
2. Bilden eines Auftragspaketes.
3. Elektronisches Unterschreiben.
4. Senden: per Modem an den Computer des Kreditinstitutes.

E-Commerce

Wie könnte man E-Commerce definieren?

E-Commerce ist jede Art von geschäftlichen Transaktionen, bei denen die Beteiligten auf elektronischem Weg miteinander kommunizieren.

Nennen Sie geschäftliche Operationen, die dem Begriff „E-Commerce" zuzuordnen sind!

Marketing im weitesten Sinn, Geschäftsanbahnung, Informationsaustausch (Produktbeschreibung usw.), elektronischer Zahlungsverkehr, Vertrieb (von Produkten, die elektronisch geliefert werden können), virtuelle Unternehmen (unabhängige Unternehmen bieten gemeinsam Produkte an) usw.

Wie kann E-Commerce klassifiziert werden?

E-Commerce-Kategorien sind:
- Business-to-Business
- Business-to-Consumer
- Business-to-Government
- Government-to-Consumer
- Consumer-to-Consumer

Nennen Sie Produkte, die vermutlich hohe Umsätze durch E-Commerce erzielen werden?

Computerprodukte, Bücher, Musik, Blumen, Geschenkartikel, Kleidung ...

Beschreiben Sie die Business-to-Consumer-Kategorie!

Ein Kunde greift über einen Web-Browser auf das betriebswirtschaftliche System eines Unternehmens zu, um z. B. einen Katalog zu betrachten, eine Bestellung abzugeben oder eine Produktinformation anzufordern. Dadurch können Verbrauchern Güter auf der ganzen Welt angeboten werden.

Welche Probleme können bei e-Commerce auftreten?

Problemkreise sind z. B. die Sicherheit bei der Zahlung, Rechtsgültigkeit digitaler Unterschriften, Seriosität des Anbieters, Haftungsfrage, Angst vor Missbrauch

Fragen über den Lehrbetrieb
zum Selbstbeantworten

Welche Unternehmensform hat Ihr Lehrbetrieb?

....

Ordnen Sie Ihren Lehrbetrieb nach der Betriebstypologie ein!
Großbetrieb / Mittelbetrieb / Kleinbetrieb
Sachleistungsbetrieb / Dienstleistungsbetrieb / Sach- und Dienstleistungsbetrieb
Industriebetrieb / Gewerbebetrieb / Verkehrsbetrieb / Fremdenverkehrsbetrieb / Handelsbetrieb / Versicherungsbetrieb.

Beschreiben Sie die Betriebsorganisaton Ihres Lehrbetriebes!

....

....

....

....

Nennen Sie Abteilungen, in denen Sie beschäftigt waren! Beschreiben Sie Ihre Tätigkeiten in diesen Abteilungen!

....

....

....

....

....

Beschreiben Sie die Organisation des Einkaufs, Formulare und die zu erledigenden Schriftverkehrsarbeiten im Einkauf!

....

....

....

Welche Produkte (Leistungen) stellt Ihr Lehrbetrieb her?

....

....

....

....

Welche Lagertypen gibt es in Ihrem Lehrbetrieb?

Rohstofflager / Hilfsstofflager / Betriebsstofflager / Halb- und Fertigfabrikatelager

Sonstige Lager:...

....

Welche Belege und Formulare werden im Lager verwendet?

....

....

....

....

....

Nennen Sie Roh-, Hilfs- und Betriebsstoffe, die Ihr Lehrbetrieb verarbeitet!

....

....

....

....

Wie wird der für Ihren Lehrbetrieb wichtigste Rohstoff hergestellt?

....

....

....

....

Nennen Sie für Ihren Lehrbetrieb wichtige Energieträger!
Elektrische Energie / Erdgas / Öle / feste Brennstoffe

Sonstige Energieträger: ....

....

Beschreiben Sie die Herstellung (Gewinnung) des für Ihren Lehrbetrieb wichtigsten Energieträgers!

....

....

....

....

Welche Produktionsverfahren sind in Ihrem Lehrbetrieb vorherrschend?

Fließfertigung / Gruppenfertigung / Werkstattfertigung / Massenfertigung / Einzelfertigung / Sortenfertigung / Serienfertigung

Beschreiben Sie das in Ihrem Lehrbetrieb angewendete Fertigungsverfahren, die Maschinen und die Werkzeuge!

....

....

....

....

Welche Normen und Warenkennzeichnungsvorschriften sind in Ihrem Lehrbetrieb von besonderer Wichtigkeit?

....

....

....

....

Beschreiben Sie die Einsatz- und Verwendungsmöglichkeiten der in Ihrem Lehrbetrieb hergestellten Produkte/Leistungen!

....

....

....

....

Welche Verwaltungsarbeiten (Schriftverkehr) sind in der Produktion (Werkstätten) in Ihrem Lehrbetrieb zu erledigen?

....

....

....

....

....

Für welche Zielgruppen (Kundenkreis) werden die Produkte (Leistungen) Ihres Lehrbetriebes erzeugt?

....

....

....

Wie ist die Verkaufsabteilung in Ihrem Lehrbetrieb organisiert?

....

....

....

Beschreiben Sie die Abwicklung eines Verkaufes!

....

....

....

Nennen Sie betriebsübliche Zahlungsarten und Zahlungsmittel!

Barzahlung / halbbare Zahlung / unbare Zahlung
Bargeld / Postanweisung / Postnachnahme / Postauftrag / Barscheck /
Verrechnungsscheck / Zahlschein / Dauerauftrag / Lastschrifteinzugs-
verkehr / Überweisung / Wechsel

Sonstige Zahlungsarten / Zahlungsmittel:

....

....

Welche Preisnachlässe und Vergütungen sind in Ihrem Lehrbetrieb üblich?

....

....

....

....

Beschreiben Sie die Terminüberwachung und das Mahnwesen in Ihrem Lehrbetrieb!

....

....

....

....

....

....

Welche Zahlungs- und Lieferbedingungen sind in Ihrem Lehrbetrieb üblich?

....

....

....

....

....

Nennen Sie Werbeträger und Werbemittel, die Ihr Lehrbetrieb einsetzt!

Werbeträger: Rundfunk / Fernsehen / Zeitung / Plakatsäule / Plakatwände

Sonstige: ....

....

Werbemittel: Rundfunkspot / Fernsehspot / Inserat / Plakat

Sonstige: ....

In welche Länder exportiert Ihr Lehrbetrieb seine Produkte?

....

....

....

....

....

....

Welche Transportmittel sind in Ihrem Lehrbetrieb bzw. in der Branche üblich? Beschreiben Sie die Frachtpapiere!

....

....

....

Wie sind Gewährleistung, Garantie, Reparatur und Service in Ihrem Lehrbetrieb geregelt?

....

....

....

Nennen Sie wichtige Punkte, die durch Betriebsvereinbarungen in Ihrem Lehrbetrieb geregelt wurden!

....

....

....

Wie wird die Lohn- und Gehaltsverrechnung in Ihrem Lehrbetrieb durchgeführt?
Über EDV-Anlage / händisch / durch Fremdbetriebe (z. B Steuerberater)

Beschreiben Sie den Aufbau des Lohn- und Gehaltszettels!

....

....

....

Beschreiben Sie den betriebsüblichen Schriftverkehr, der sich mit Sozialversicherungsträgern und dem Finanzamt im Rahmen der Lohn- und Gehaltsverrechnung ergibt!

....

....

....

Welche technische Hilfsmittel werden in Ihrem Lehrbetrieb in der Verwaltung verwendet?
EDV-Anlagen / Mikrocomputer / Terminals / Telefon / Telex / Kopierer / Schreibmaschinen / Rechenmaschinen / Gegensprechanlagen / Rohrpost

Sonstige: ....

....

Beschreiben Sie das Ablagesystem in Ihrem Lehrbetrieb!

....

....

....

Beschreiben Sie die Behandlung der ein- und ausgehenden Post in Ihrem Lehrbetrieb!

....

....

....

....

Nennen Sie Gefahren, denen Arbeitnehmer in der Branche Ihres Lehrbetriebes besonders ausgesetzt sind!

....

....

....

....

Welche wichtigen Vorschriften bestehen in Ihrem Lehrbetrieb in Bezug auf Unfallverhütung?

....

....

....

....

Welche Grundsätze der ersten Hilfe sind in der Branche Ihres Lehrbetriebes besonders wichtig?

....

....

....

....

Notizen

Notizen

Notizen

Notizen